全球主要證券交易所

監管上市公司的比較研究

張小波 ◎ 著

前　言

　　證券交易所是證券市場的組織者，處於證券市場市場監管的第一線，其一線監管、日常監管、微觀監管及其與政府部門的宏觀監管的有機結合，均對維持證券市場健康發展和切實保護投資者利益有著十分重要的作用。中國證券市場已經經歷了 20 多年的發展，但由於股市股權分割、結構失調、一股獨大等一系列證券市場制度性缺陷，導致證券市場的監管成為證券市場發展的一大難題。如何創新及優化中國證券市場的監管模式，改革證券交易所的組織形式，使其更好地適應資本市場內在質量和市場監管的新要求，在促進資本市場效率提升的同時，更好地保護中小投資者利益，進而推進證券市場健康、持續、平穩的發展，已經成為在新常態下亟需解決的重大課題。為此，本書選擇以全球主要證券交易所監管上市公司的比較研究為題，比較分析成熟證券市場中證券交易所在一線監管、日常監管、微觀監管中的制度模式，具體的監管方法以及監管的法律依據，並構建證券交易所監管質量的評價指標體系與方法，探討影響證券交易所監管質量的因素，在此基礎上密切結合中國證券市場發展的實際，提出健全中國證券交易所監管上市公司的對策機制。按照這一思路，本書共探討了以下的問題：

　　第一，全球主要證券交易所在其證券監管體制中的定位與作用的比較分析。該部分在梳理美國、英國、日本、德國、中國香港地區的證券市場監管模式與現狀基礎上，對這些國家或地區的證券交易所的主要功能、組織模式及特點進行了全面的對比分析，並細緻剖析了這些國家或地區的證券交易所在其證券監管體制中的定位與作用。最後基於上述分析，歸納總結了證券交易所監管上市公司的理念與發展趨勢。

　　第二，全球主要證券交易所對上市公司信息披露監管機制的比較分析。該部分從上市公司信息披露靜態監管機制、動態監管機制兩個維度，對不同證交易所對上市公司信息披露監管的具體機制設計進行比較分析。在靜態監管機制

中，著重介紹了紐約證券交易所的上市公司 IPO 時信息披露的「櫥櫃式註冊」+「整合披露制度」+預測性信息披露監管機制。在動態監管機制中，比較分析了不同證券交易所對上市公司上市後的定期報告披露、臨時信息披露的監管要求。在定期報告披露監管中，詳細比較分析了主要證交所對上市公司定期報告的時間間隔。在臨時信息披露的監管要求比較中，分別細緻介紹了主要證券交易所對上市公司臨時報告的披露標準、上市公司臨時報告及時性的標準、上市公司臨時報告披露的審核程序、SEC 的臨時報告中的選擇性信息披露監管機制（公平披露規則）、上市公司信息披露的法律責任等。

第三，全球主要證券交易所對上市公司的公司治理的監管比較。該部分主要探討了相關證券交易所如何通過正式制度安排對上市公司治理結構形成良好的外部治理約束機制，從而促進對中小投資者的利益保護，實現公開、公平、公正的證券市場秩序。

第四，全球主要證券交易所對證券市場內幕交易的監管比較。該部分從證券交易所監管內幕交易的法律法規體系和監管技術兩個維度，對比分析了不同證券交易所監管內幕交易的具體制度設計，包括內幕交易監管體系及功能、內幕交易行為界定、內幕交易人界定、內幕交易的法律責任界定與處罰機制等方面的比較分析。

第五，全球主要證券交易所監管上市公司兼併收購的比較。該部分主要比較分析了證券交易所對上市公司兼併收購、要約收購、反收購等方面的法律法規制度設計和具體的做法。

第六，全球主要證券交易所對上市公司退市的監管制度比較。該部分主要剖析了不同證券交易所的強制退市、主動退市的制度及其相應的具體設計機制，包括強制退市的標準、強制退市的程序、主動退市的形態、主動退市的條件、主動退市的有效期等方面的規定與做法。

第七，全球主要證券交易所的監管質量評價及其影響因素的實證研究。該部分構建了證券交易所監管質量的評價指標體系和評估方法，並建立了包含證券市場監管模式、證券交易的組織形式在內的影響證券交易監管質量的實證模型，選取了全球主要證券交易所為樣本，實證分析證券交易的組織形式、證券市場監管的模式對證券交易所監管質量的影響是否存在差異。實證結果顯示，證券交易所監管上市公司的監管質量不僅受到其證券監管法律法規的完備性影響，還受到證券交易的監管技術水平、日常監管效率的影響，同時應將證券交易所的微觀監管、日常監管對政府部門的宏觀監管的支撐作用作為評價證券交易所對上市公司的監管質量水平的一個重要指標。實證分析還表明除證券交易所

自身法律法規的完備性、監管技術水平、日常監管效率等因素外，證券交易的監管人力投入水平、監管費用占比及其證券交易的組織形式、證券交易所所在的證券市場監管模式都會對證券交易所監管對上市公司的效率和質量產生非常重要的影響。實證結果顯示：自律監管模式下的證券交易所對上市公司的監管質量水平的平均值要高於政府監管模式下的證券交易所對上市公司的監管質量水平的平均值；公司制的證券交易所對上市公司的監管質量水平的平均值要高於會員制證券交易所對上市公司的監管質量水平的平均值。採用主要由會員持有的私人優先公司制的證券交易所的監管質量水平平均值要高於採用公開上市交易公司制的監管質量水平均值，而採用公開上市交易公司制的證券交易所的監管質量水平均值又要高於可轉讓但未上市的股份制公司制的證券交易所的監管質量水平平均值。

第八，中國證券交易所監管上市公司的現狀分析。該部分首先梳理了中國證券市場監管體系的發展與演變，在此基礎上分析了上海證券交易所與深圳證券交易所在中國證券市場監管體系中的角色與作用，隨後對上海證券交易所、深圳證券交易所監管上市公司的現狀進行了細緻剖析，並深度挖掘這些現狀所反應出的中國證券市場監管存在的深層次的不足。這些不足主要包括：監管體系中的證交所的主體地位不明確、監管部門之間的權責設置不合理以及不同部門監管力量的薄弱對有效的監管產生了消極的影響；仲介機構與政府監管、證交所的權限不夠明晰，也嚴重制約了監管有效性；監管體系中的各個部門監管力量很薄弱，不足以使監管功能得到有效發揮；仲介結構自律機制不健全給監管的有效性帶來了負面影響；缺乏稽查手段；缺少民事賠償，刑事與行政處罰不具有威懾力；投資者非理性行為；公司治理結構不完善；缺乏有序和有效的股市退市機制；國有企業的制度缺陷影響監管有效性；信用缺失是導致監管失效的重要基礎因素。

第九，健全中國證券交易所監管上市公司的機制的對策分析。該部分在密切結合中國證券市場上市公司的特殊性及其監管機制與模式的存在不足的基礎上，充分借鑑全球主要證券交易監管上市公司的具體做法，基於證券監管分工模式層面、公司治理結構改革、完善退市制度、強化仲介機構監管四個方面提出了完善中國證券交易監管上市公司的對策建議。

關鍵詞：監管上市公司；證券交易所；一線監管；監管質量；證券交易所改制

目　錄

1　緒論 / 1
　　1.1　交易所監管上市公司在證券市場監管中的作用和地位 / 1
　　1.2　證券交易所監管上市公司的國際比較的實際意義與理論價值 / 2
　　　　1.2.1　國有股流通問題制約股市發展 / 2
　　　　1.2.2　證券市場制度性缺陷嚴重 / 3
　　　　1.2.3　股市成為各類機構圈錢的工具 / 3
　　　　1.2.4　上市公司信用缺失嚴重 / 3
2　全球主要證券交易所在其證券監管體制中的定位與作用的比較分析 / 5
　　2.1　主要國家和地區的證券監管體制演化的基本模式與現狀 / 5
　　　　2.1.1　美國證券監管體制演化的基本模式與現狀 / 5
　　　　2.1.2　英國證券監管體制演化的基本模式與現狀 / 6
　　　　2.1.3　日本證券監管體制演化的基本模式與現狀 / 8
　　　　2.1.4　德國證券監管體制演化的基本模式與現狀 / 9
　　　　2.1.5　中國香港地區證券監管體制演化的基本模式與現狀 / 9
　　2.2　證券交易所的主要功能、組織模式及特點 / 10
　　2.3　主要國家和地區的證券交易所在其監管體制中的定位與作用 / 12
　　　　2.3.1　美國紐約證券交易所 / 12
　　　　2.3.2　英國倫敦證券交易所 / 13
　　　　2.3.3　日本東京證券交易所 / 15
　　　　2.3.4　德國證券交易所 / 16
　　　　2.3.5　中國香港特別行政區香港聯交所 / 18

2.4 全球證券交易所監管證券市場的理念與發展趨勢的比較與分析 / 19

3 全球主要證券交易所對上市公司信息披露監管機制的比較分析 / 21

3.1 上市公司信息披露監管的意義及其法律制度體系的形成 / 21
3.2 全球主要證券交易所監管上市公司信息披露的機制及比較分析 / 23
 3.2.1 證券交易所監管上市公司信息披露的靜態監管機制的比較分析 / 24
 3.2.2 證券交易所監管上市公司信息披露的動態監管機制的比較分析 / 29
3.3 小結 / 41

4 全球主要證券交易所對上市公司的公司治理的監管比較 / 42

4.1 加強對上市公司的公司治理的監管對證券市場市場的意義 / 42
4.2 全球主要證券交易所對上市公司的公司治理的監管比較分析 / 42
 4.2.1 美國紐約證券交易所對上市公司的公司治理監管規定 / 42
 4.2.2 英國倫敦證券交易所對上市公司的公司治理監管規定 / 44
 4.2.3 中國香港特別行政區香港聯交所對上市公司的公司治理監管規定 / 44
 4.2.4 日本東京證券交易所對上市公司的公司治理監管規定 / 45
4.3 全球主要證券交易所對上市公司公司治理監管的評述 / 45

5 全球主要證券交易所對證券市場內幕交易的監管比較 / 48

5.1 加強證券市場內幕交易的監管對證券市場市場的意義 / 48
5.2 全球主要證券交易所監管證券市場上市公司內幕交易的比較 / 48
 5.2.1 紐約證券交易所和德國證券交易所的上市公司內幕交易體系的功能比較 / 49
 5.2.2 全球主要證券交易所對證券市場內幕交易人界定的比較 / 51
 5.2.3 全球主要證券交易所對證券市場內幕交易行為界定的比較 / 52
 5.2.4 全球主要證券交易所對證券市場內幕交易行為的處罰措施的比較 / 54
 5.2.5 美國對證券市場內幕交易民事責任的機制 / 58
5.3 全球主要證券交易所對證券市場內幕交易的監管評述 / 60

6 全球主要證券交易所監管上市公司兼併收購的比較 / 61
6.1 證券交易所監管上市公司兼併收購的意義 / 61
6.2 全球主要證券交易所對上市公司兼併收購的監管體系比較分析 / 61
6.2.1 英國倫敦證券交易所對上市公司兼併收購的監管體系 / 61

6.2.2 美國紐約證券交易所對上市公司兼併收購的監管體系 / 65

2.3 德國證券交易所對上市公司兼併收購的監管體系 / 66

2.4 香港特別行政區香港聯合證券交易所對上市公司兼併收購的監管體系 / 66

6.3 全球主要證券交易所對要約收購的信息披露的監管機制比較 / 66
6.3.1 全球主要證券交易所對上市公司要約收購的監管比較 / 66

6.3.2 全球主要證券交易所對要約收購的監管機制的評述 / 71

6.4 證券交易所監管上市公司的反收購的比較 / 72
6.4.1 英國倫敦證券交易所監管上市公司反收購的法律法規 / 72

6.4.2 美國紐約交易所監管上市公司反收購的法律法規 / 75

6.4.3 對英美兩國上市公司反收購監管的評價 / 78

7 全球主要證券交易所對上市公司退市的監管制度比較 / 80
7.1 主板市場的強制退市監管比較 / 81
7.1.1 強制退市標準的比較 / 81

7.1.2 強制退市程序的比較 / 82

7.2 主動退市 / 84
7.2.1 德國主動退市的法律框架 / 84

7.2.2 德國主動退市的形態 / 85

7.2.3 法蘭克福證券交易所規章中有關主動退市的具體規定 / 85

8 全球主要證券交易所的監管質量評價及其影響因素的實證研究 / 87
8.1 證券交易所監管質量評價指標體系的構建 / 87
8.1.1 構建證券交易所監管質量評價指標體系的原則 / 87

8.1.2 證券交易所監管質量評價指標體系 / 88

8.1.3 證券交易所監管質量水平（指數）評估方法 / 98

8.2 構建證券市場監管模式、證券交易所的組織形式對證券交易所監管質量的影響的計量模型 / 100

8.3 證券交易所監管上市公司的質量水平的評價分析 / 101

 8.3.1 樣本選取及其相關指標的說明 / 101

 8.3.2 樣本指標的因子分析及結果 / 102

 8.3.3 影響證券交易所監管上市公司質量的因素分析 / 108

8.4 證券市場的監管模式、證券交易所的組織形式對證券交易所監管上市公司的質量水平的影響的實證分析 / 109

 8.4.1 樣本指標的有關說明 / 109

 8.4.2 以36家證券交易所為樣本的實證分析 / 111

 8.4.3 以33家會員制證券交易所為樣本的實證分析 / 113

8.5 小結 / 115

9 中國證券交易所監管上市公司的現狀分析 / 116

9.1 中國證券市場監管體系的發展與演變 / 116

9.2 上海證券交易所與深圳證券交易所在證券監管體系中的地位和作用 / 119

9.3 中國證券交易所監管上市公司現狀及其評價 / 121

 9.3.1 中國證券交易所監管上市公司現狀 / 121

 9.3.2 中國證券交易所監管上市公司的評價 / 124

9.4 小結 / 133

10 健全中國證券交易所監管上市公司的機制的對策分析 / 134

10.1 基於證券監管分工模式層面的對策建議 / 134

10.2 基於公司治理結構改革的對策建議 / 136

10.3 基於證券市場退市機制的對策建議 / 137

10.4 基於證券仲介機構監管的對策建議 / 138

10.5 小結 / 140

1 緒論

1.1 交易所監管上市公司在證券市場監管中的作用和地位

上市公司的有效監管是一個世界性難題，具有成熟市場體制的國家也難免問題頻出。從最早發生在英國的「南海事件」（1720 年）到 1929 年美國股市的大崩潰，再到 2001 年的安然事件，2002 年世界通信、施樂等美國大公司的轟然坍塌就是明證。日本金融廳（FSA）最近的一項調查發現，在上市的日本公司中，每 10 家就有 1 家在財務報表中欺騙投資人。最令人驚訝的是日本西武鐵道公司（Seibu Railway），為了掩蓋其違反所有權規定的行為，該公司提供關於最大股東的虛假信息已長達 40 多年。在證券市場監管的體系中，證券交易所站在監管的最前沿，是政府監管行為最重要、最直接的體現和表達載體。同時，證券交易所作為上司公司集中上市和具體交易行為的發源地和終端，又是信息量最大、最暢通的部分，也是整個監管最敏感的地區。證券交易所由於其職能性質的特殊性，既獨立於政府之外，又要受到政府的支持和制約；既要獨立行使監管權，又要處理好與政府、立法機關、股東等多方面的關係。這種關係應表現為政府的領導地位與兩種監管之間的相互依存、相互補充。這種關係是證券市場實現有效監管的基本前提之一，其作用的發揮有賴於良好的制度設計。除了管理證券市場的立法部門——國家權力機關外，政府更多地表現為法律的執行者、政策的制定者和支持者、違法行為的查處者。而證券交易所更多地作為市場運作的組織者、市場秩序的一線監管者、違規行為的發現者。這樣就形成了政府的宏觀監管和嚴格執法與交易所日常監管、一線監管、微觀監管的有機結合。在監管的過程中，交易所監管具有政府監管無法替代的特性和優勢。第一，交易所是最貼近上市公司的監管主體，政府監管機關無需、也不可能始終站在監管第一線，必須更多地依賴交易所對上市公司的指

導、監督。第二，交易所與上市公司是民事關係的雙方（交易所和上市公司之間本身是一種契約關係），這使得交易所能夠借助民事手段監管上市公司，而政府監管就難以直接用民事手段實施監管。第三，交易所在監管上市公司過程中在業務、技術和知識上有比政府更高的敏感性，從而更具有效率。第四，交易所在對上市公司監管的過程中更具有靈活性，能夠隨著市場環境的變化迅速反應，制定更加靈活和適用的監管規則和行為守則、道德規範或及時更改監管規則、更新監管標準，並使監管落到實處。與此相比，政府制定的法律應保持連續性和相對的穩定性，不宜經常變化，並且一般只能規定最低標準。

因此，證券交易所對上市公司監管及其制度設計是解決上市公司監管問題的基本途徑。證券交易所監管上市公司的制度設計合理與否與證券市場是否具有一個良好的監管平臺（即一個良好的監管環境）有十分密切的關係。這個平臺包括監管機制設計所依賴的市場制度、企業制度、法律制度、文化制度，及其與該監管體系進行協作的其他組織（包括會計事務所、律師事務所、機構投資者、信用評估機構等參與機構）。它們及其構成的監管環境將直接或間接地制約和影響證券交易所監管的有效性。

1.2 證券交易所監管上市公司的國際比較的實際意義與理論價值

中國股市從形成之初到現在已經有 30 多個年頭，大多數上市公司是由國有企業改制而成的。在中國股市呈現較大規模、較快速度的發展過程中，中國的市場制度、企業制度、法律制度及文化制度也正處在改革轉型的關鍵時期。比如，我們的大多數企業正朝著現代企業制度方向努力，企業的法人治理結構還很不適應市場經濟發展的要求，我們的整個金融體系還處在改革的攻堅階段。因此，可以這樣講，中國的上市公司或中國證券市場是一個相對於其他發達或發展中國家而言都十分特殊和複雜的證券市場。這個市場除了具備其他證券市場的一般特性外，還有它自身的特殊性。這種特殊性可以從以下幾方面看出：

1.2.1 國有股流通問題制約股市發展

國有股流通問題是制約股市發展的頑疾，不管是宣布暫停國有股流通也好，還是今後逐步開放流通也好，還是用其他方法處理該問題也好，國有股流

通問題從一開始就成為國有企業上市給證券市場留下的一個致命的制度缺陷，國有股流通問題都是中國證券市場發展中一個致命的制度缺陷，直接影響投資者的信心，因為它不可能給投資者尤其是大資金的機構投資者一個安全穩定的未來預期。國有股流通或減持，無論是現在還是未來都有賴於國有企業制度全方位、深層次的改革，而且這種改革將不可避免地給中國證券市場帶來陣痛。

1.2.2　證券市場制度性缺陷嚴重

中國證券市場是在經濟體制由計劃經濟向市場經濟轉軌的過程中誕生與成長起來的，計劃經濟體制無疑給中國證券市場留下了較深的烙印，例如：股市初期的政府分派上市配額制、企業上市過程中政府強制性的捆綁制等無不給中國證券市場帶來嚴重的傷害。計劃體製造成了中國股市股權分割、結構失調、一股獨大等一系列制度性缺陷，使得投資者利益無從保障。中國股市中的同股不同價使流通股股東得到的回報遠不如非流通股股東，股權分割的上市公司治理結構使流通股股東權益更容易被非流通股股東剝奪。計劃經濟體制遺留的制度缺陷已經使中國證券市場付出了沉重的代價，這其中受到傷害的無疑大多是投資者。

1.2.3　股市成為各類機構圈錢的工具

中國證券市場的功能缺失，融資與投資之間的直接衝突也使得中國股市吸引力急遽下降。縱觀中國股市，不難發現過度融資症使得中國股市產生了三個怪現象：一是每年上市公司通過股市的融資額，遠遠大於上市公司給投資者的分紅額；二是國家從股票交易中徵收的印花稅遠大於上市公司的分紅額；三是證券商從股票交易中收取的佣金大於上市公司的分紅額。中國股市成了各類機構從流通股股東手中圈錢的工具。更重要的是，作為證券市場發展基石和價值投資理念賴以生存的上市公司可持續發展問題沒有得到根本解決，上市公司盈利能力缺乏持續性，中長線投資風險巨大。由於政策的過度干預，中國股市已經陷入了「政策市」的困惑，始終無法擺脫「一抓就死，一放就亂」的怪圈。

1.2.4　上市公司信用缺失嚴重

中國股市的建立與發展是在整個國家信用體系建設極端落後的情況下進行的，到目前為止，中國還沒有建立一個國家信用、組織信用（包括企業信用）和個人信用相互配合、系統完整、有機構成的信用體系，失信的成本低下，失信誠信得不到相應的懲處和獎勵。全社會信用體系的落後及全體公民社會信用

意識的薄弱也是中國股市區別於發達國家證券市場、上市公司屢屢發生違規事端的基本原因。

　　中國證券市場還是一個處於幼年期的證券市場，其成長過程無疑不能迴避正常成熟市場所經歷的軌跡和陣痛，這一點，宏觀決策層是清醒的和理性的。對證券交易所監管上市公司進行國際比較，分析成熟證券市場中證券交易所監管上市公司的制度模式、具體的監管方法以及監管的法律依據，對於強化中國證券交易所對上市公司的監管，建立多方協調、可持續監管的上市公司監管體系，維護證券市場的平穩發展具有重要的現實意義和實際指導意義。

2 全球主要證券交易所在其證券監管體制中的定位與作用的比較分析

　　證券交易所在一國或地區的證券監管體制中的定位，對其發揮一線監管的作用、發揮政府證券市場監管無法替代的優勢有著十分重要的影響。對比分析不同國家或地區證券監管體制下證券交易的定位及其作用，能很好地完善和改革中國證券監管體制中存在的問題，調整中國證券交易所監管證券市場的權責，充分發揮中國證券交易所監管證券市場的一線作用，提升證券市場監管的效率，最大限度地保護投資者利益，發揮證券市場有效配置資源的作用，保證證券市場健康發展。為此，本章在梳理美國、英國、日本、德國、中國香港地區的證券市場監管模式與現狀基礎上，對這些國家或地區的證券交易所的主要功能、組織模式及特點進行全面的對比分析，並全面剖析這些國家或地區的證券交易所在其證券監管體制中的定位與作用。最後，基於上述的分析，對全球證券交易所監管證券市場的理念與發展趨勢進行分析。

2.1　主要國家和地區的證券監管體制演化的基本模式與現狀

2.1.1　美國證券監管體制演化的基本模式與現狀

　　美國證券監管制度演變的基本模式已經實現由自律性監管向集中性監管轉變。這一轉變以1929年的美國證券市場的大崩潰為界線。美國的證券交易是自發形成的。早在18世紀中期就有商人專門從事證券買賣，並於1792年5月

簽訂了著名的《梧桐樹協議》(Buttonwood Agreement)。由於當時美國政府推行亞當·斯密的自由放任的經濟政策，政府對證券市場沒有採取任何監管的措施，僅僅依靠證券商、交易所的自律及各州制定的《藍天法》(Blue Sky Laws)來維持市場運行。因此，行業自律是那個階段的證券市場的主要監管力量。

但在證券市場上，證券商必然要追求自身利益的最大化，因此必然要產生各種不道德行為，證券商不可能真正地做到自律。美國作為一個聯邦制國家，各州立法的寬嚴尺度不一致，投機者往往利用跨州交易方式來規避法律障礙，使得藍天法的施行成效日漸微弱，已經不足以維護投資者的正當利益。整個證券市場投機活動猖獗，充斥著各種無恥的詐欺行為。證券市場的各種矛盾與監管缺失終於導致 1929 年 10 月 24 日的「黑色星期五」的發生。股市崩盤所造成的證券危機直接引發了金融危機，導致了 20 世紀 30 年代席捲資本主義世界的經濟大危機。慘痛的教訓使美國政府認識到，沒有完善有效的聯邦法律加以督促，自律監管只是一句口號，州立法難以遏制市場的過度投機行為。美國聯邦政府和國會採取了一系列手段來加強證券市場的監管。其中最主要的手段有：一是完善了證券立法，《1933 年證券法》《1934 年證券交易法》等一系列法律在這一時期相繼出抬；二是確認了證券市場的最高管理機構——證券交易委員會(SEC)，對全國的證券發行、證券交易所、證券商、投資公司等實施全面的監管。自此以後，證券監管格局出現了實質性的轉變，政府監管成為證券市場的主導監管力量，自律監管則退居其次，成為輔助監管力量。美國證券市場的監管開始進入到集中統一監管為主、市場自律為輔的較為完整的證券管理體制階段。「安然事件」後，美國的集中性監管在不斷加強，最突出的表現是 SEC 收回了企業成為上市公司的上市審批權。

2.1.2　英國證券監管體制演化的基本模式與現狀

英國證券市場監管制度的演化大致經歷了三個階段（如圖 2.1 所示）：第一階段為完全自律性監管階段（1773—1985 年）；第二階段為自律性監管和立法監管相結合階段（1986—2000 年）；第三階段為英國金融服務管理局(FSA)的統一監管階段（2001 年至今，政府監管和自律相結合的監管）。

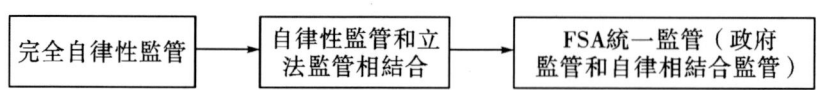

圖 2.1　英國證券市場監管體制演變圖

自倫敦證券交易所1773年成立到1986年金融「大震驚」（big bang）之前，證券市場主要依靠倫敦證券交易所自身嚴格的規章制度和高水準的專業證券商進行自我監管，形成了完備的證券市場「自律管理」體系。其主要特徵如下：

（1）英國股票市場的管理以證券交易所本身自律為核心，證券交易所是證券一級、二級市場直接管理機構，證券的公開發行、流通要遵守證券交易所的規則。由於各項規章制度極為嚴密，實質上起到了立法監管的效果。

（2）政府沒有專門的證券管理機構。國家貿易部除根據防止詐欺條例對非交易所的證券交易商有一定的管理權外，僅登記公開說明書，而不加審核。英格蘭銀行僅對一定金額的發行行使同意權。

（3）證券市場的監管體系，以英國證券交易所協會、收購和合併問題專門小組以及證券業理事會為基礎。它們制定並實施有關證券活動的規則，其代表經常向政府機構徵求意見，維持與政府部門的聯繫，其中證券交易協會是由交易所大廳的證券經紀商和營業商組成，依據制定的規則管理著倫敦和其他地方交易所大廳的業務。由於交易所影響大、聯繫廣，因此實際上負責了整個英國證券業的基本管理。

1986年，倫敦交易所進行改革後，英國政府對證券市場監管模式發生了重大的變化。國務大臣授權1985年成立的證券投資委員會（SIB）對證券和投資活動的自我管理組織以及金融服務機構進行管理。該管理具有法律效力，從此英國走上了自律管理和立法管理相結合的道路。然而，英國根據不同立法設置相應監管機構，已經形成了典型的「多頭監管」。隨著各種金融業務相互滲透，多元化的金融集團必須充分地向不同監管機構提交相同的報告，「多頭監管」的效率越來越低下。為了克服這一弊端，英國在1997年對銀行系統和證券投資業實行單一的管理體制，新成立的金融服務局接替了SIB對證券投資的管理權，並於該年6月1日，根據《銀行法》從英格蘭手中接管了商業銀行監管的權利。

2001年12月1日生效的《金融服務及市場法》規定了監管金融市場的法定架構，並規定成立金融服務管理局作為單一的法定監管機關，直接負責監管接受存款、保險和投資行業。金融服務管理局作為獨立的非政府機構，是一家有限擔保和融資的金融服務機構，其經費來自業界徵費，向財政部負責，並通過財政部向國會負責。雖然金融服務管理局董事會的成員均由財政大臣委任，但該局並非從屬於財政部。不過，金融服務管理局仍須就一些可能會發生的問題，例如可能會導致經濟動盪、影響外交或對外關係、促使當局修改法例等向

財政部提出預警。政府對金融服務管理局的監管主要有：金融服務管理局須向財政部提交工作年報以便提交國會審議，授權財政部調查可能引起公眾關注的事宜，以及對金融服務管理局的資源管理進行獨立檢討等。

金融服務管理局接替了英格蘭銀行監管銀行、上市公司監管機構及有關結算所的職責，也接管了自我監管機構處理監管及註冊的工作，包括接管倫敦證券交易所監管上市的職能。金融服務管理局替代倫敦證券交易所執行監管上市的職能後，消除了倫敦證券交易所可能有的角色衝突問題（尤其在處理要求放寬上市標準的事宜），這也表明了英國認為法定監管機構較營利交易所更能權衡公眾利益。

證券市場的監管由金融服務管理局轄下的英國上市局負責。但這並沒有改變其自律監管的特色。這是因為 FSA 本身的組織形式是一家有限公司，仍然具有相當的自律組織色彩。儘管倫敦證券交易所已移交其監管上市的職能，但該所仍繼續施行一些適用於在其交易板報價的公司的規定，包括有權決定是否讓獲準上市的證券進行買賣，以及訂立和執行本身的規則等。英國走上了政府監管和自律監管相結合的道路。

2.1.3 日本證券監管體制演化的基本模式與現狀

日本一開始就採取集中監管的模式，但行政色彩更濃重。日本的證券市場最早出現於明治維新時期，當時日本政府為了支持民族工業的發展，引進了有價證券交易制度。1875 年，日本政府仿照了英國的證券制度制定了《有價證券交易條例》，1893 年又制定了《證券交易法》。第一次世界大戰期間，證券市場的發展受到嚴重阻礙。第二次世界大戰後，日本為了重振經濟，在 1947 年以美國《1933 年證券法》和《1934 年證券交易法》為藍本頒布了新的《證券交易法》。1960 年日本證券市場陷入危機，日本政府為對付這次危機，重新修訂了《證券交易法》，廢除了註冊制度並實行了證券公司許可證制度，完善了交易規則。日本在經歷了泡沫經濟的嚴重打擊之後，於 1992 年成立了相對獨立的證券交易監視委員會，對證券市場進行監管。1998 年成立的金融廳負責確保日本金融體系穩定、保障存款人利益、制定有關金融體系的規劃及政策、對私營金融機構進行視察及監管，以及監察證券買賣。金融廳是首相辦公室的行政機關，負責對私營金融機構進行監管，以及監察證券買賣。同年，證券交易監視委員會脫離財務省，轉為隸屬金融廳。委員會設有一名主席及兩名專員，均由首相提請國會委任。這樣日本金融廳對整個金融市場實現了統一監管。日本證券市場的集中監管得到進一步加強。由於金融廳是首相辦公室的行

政機關，其監管的行政色彩更加濃厚。

2.1.4 德國證券監管體制演化的基本模式與現狀

德國證券監管體制採用了行政監管和自律監管並重的中間性監管模式，即中央政府、州政府和自律機構相結合的監管。

為使資源有效運用，達到證券及期貨市場之最佳功效，1994 年德國完成了對證券及期貨市場的整合。1995 年 1 月 1 日，德國根據 1994 年修訂的《證券交易法》成立了聯邦證券監理局（BAWe）監管證券及期貨市場。BAWe 主要受聯邦財政部的管轄。

2002 年 4 月德國通過了一項金融機構合併法，將原本分別負責監督銀行業務（BAKred）、保險業務（BAV），以及證券期貨業務（BAWe）的三個主管機關合併在一個新的金融監理機構——德國聯邦金融監管局（BAFin）之下，並於 2002 年 5 月 1 日正式運作。BAFin 成立後，整個金融體系包括銀行、保險、證券都在其監督之下，除了保護消費者權益及監督企業償債能力的功能外，也要承擔穩定德國經濟，提升其競爭力的責任。BAFin 的主要功能在於使證券及期貨市場適當運作，以達成保護投資人、促進市場透明及公平之目標。該機關主要職權規範體現在《證券交易法》第四條，其主要權責為確保交易市場運作能確實遵行各項法令規章、制定證券交易所的收費結構及費率、監督經理部門業務運作及對總經理的聘任與監督，最終目的是確保證券暨期貨市場適當運作，以達到保護投資人、確保市場公正性及交易透明化之目的。

BAFin 對證券市場的管理實行聯邦政府制度，並負責頒布證券法規，各州政府負責實施監督管理與以交易所委員會、證券審批委員會和公職經紀人協會等自律管理相結合的證券管理體制。該體制比較強調行政立法監督管理，又相當注意證券業者的自律管理。德國對證券業的管理監督主要通過地方政府組織實施。但州政府盡可能不採取直接的控制和干預，很大程度上依靠證券市場參與者的自我約束和自律管理。州政府對證券的管理主要體現為：有權批准證券交易所董事會制定的證券交易所條例；任命公職經紀人；批准建立和撤銷當地的證券交易所；由州政府任命一名專員，監督交易所對有關證券法規和條例的實施；對銀行為客戶代理買賣證券的行業進行監督管理等。州政府的介入，形成了中央政府、州政府和自律機構相結合的模式。

2.1.5 中國香港地區證券監管體制演化的基本模式與現狀

中國香港地區證券市場監管體制經歷了由自律監管模式向政府的集中監管

和自律監管相結合的模式過渡。

在1970年以前，香港對上市公司的監管由證券交易所自律管理，區政府對證券市場採取放任的政策。1973—1974年間香港發生股災，促使區政府採取了一系列監管市場及保障投資人的措施。在1974年，區政府設立了證券事務監管委員會及證券監管專員辦事處，另外設立商品交易事務監管委員會管理期貨市場。區政府的介入使相關證券市場的監管進入到集中監管階段。

由於證券市場形勢的變化，原有管理機構的監管顯得力不從心。1987年再度發生的股市崩盤，促使香港區政府決定全面檢討現有的監管機構的框架和各交易所之間的權利及運作，決定構建新的監管模式。香港地區於1989年根據《證券及期貨事務監管委員會條例》成立獨立監管機構——證券及期貨事務監管委員會。該委員會是獨立於公務員體制外的法定團體，仍然是香港區政府的組成部分。它向行政長官負責，並透過財經事務局，就一切有關證券、期貨等事宜向財政司司長提供意見。證券及期貨事務監管委員會對整個證券期貨市場進行統一監管標誌著香港地區的證券監管完全步入了集中監管階段。

2.2　證券交易所的主要功能、組織模式及特點

根據全球證券市場發展的實踐看，證券交易所的功能主要有以下三方面：

（1）提供公開交易的基礎。證券交易所通過集中交易者和提供有價證券的各種信息，降低信息搜尋成本。這是交易所最原始的功能。

（2）促進交易公平。證券交易所通過集中報價發現價格，減少討價還價的過程；對交易、交割、清算提供一系列的設施和技術支持，確保交易的順利達成；對參加交易的雙方都要求相應的保證金，避免交易雙方的信用風險。

（3）實施監管，促進交易公正。對上市公司的公司治理情況、信息披露情況進行監管；監督市場參與者行為和交易活動，抑制道德風險——對內幕交易、人為操縱股價、違反公開信息業務記取惡意串通詐欺交易等。

為了更好地實現其功能，交易所的組織模式先後出現了會員制和公司制。在20世紀90年代以前，幾乎所有的交易所都採取的是會員制。會員制的組織模式就是交易所由會員出資組成，只有會員才能進入其交易系統，不對非會員開放。它具有以下特點：

（1）出資者為自己提供服務，因而該種模式下的交易所是非盈利性質的。

（2）組織的所有權、控制權與其產品或服務的使用權相聯繫。

（3）會員集體決策機制，一般為每個會員一票，而不管其在交易所占的業務份額有多少。

隨著信息技術的飛速發展和經濟、金融全球化進程的加速，交易所的運作環境發生了巨大的變化。會員制的組織模式越來越不適應市場的要求。交易自動化的產生，投資者進入市場已沒有任何技術障礙。他們可以在任何地方買賣任何一家交易所的股票，投資者直接交易的成本較低，從而減少了對金融仲介的需求使得投資者可以方便地進入市場。資本國際化使得各地的交易所突破了地域的限制，在全球市場上產生激烈的競爭。交易所要想在激烈的競爭中生存下來，只有提供物美價廉的服務，擴大其市場份額，否則其市場地位面臨喪失，甚至被淘汰的命運。為了適應環境變化需要，交易所只有採取以獲得競爭優勢為導向的商業治理機構才能提高其競爭力。因此，20世紀90年代後，會員制向公司制的改制和轉型成為全球證券交易所的一種大趨勢。當前，倫敦證券交易所[1]、東京證券交易所、中國香港聯合交易所、德意志證券交易所已經或正在改制為公司制。公司制的組織模式與會員制的組織模式相比有如下特點：

（1）分散所有權，除向原有會員配售股票外，其餘的股票將發售給新投資者，包括金融機構、機構投資者、上市公司和投資大眾，使交易所的所有權和治理結構能充分反應更廣泛的群體和個體的利益。

（2）分離所有權和交易權。任何符合資金和能力標準要求的國內外機構均能直接進入交易系統，從而使交易所所有者和市場使用者之間的利益正式分離。

它與會員制相比具有如下的優點：

（1）公司制交易所具有提供優質監管服務的動機和能力。從動機上看，公司制交易所像普通商業企業一樣，只有提供優質服務才能吸引業務。也就是說，交易所只有有效監管市場，使市場公正、透明、有效，才能吸引更多的上市企業和投資者。

（2）由於對違規行為進行貨幣化處罰可構成交易所的收入來源，這將強化以利潤為導向的交易所進行處罰尤其是貨幣處罰的動機，從而使監管更能夠落到實處。

---

[1] 1997年7月，倫敦證券交易所公布擬將其共同擁有權改為可轉讓股權，終止交易所使用權與擁有權掛勾的傳統，使交易所的運作更為商業化，決策過程更有效率、更具靈活性，以應付日益激烈的競爭及滿足對高效率服務與創意產品的需求。2000年，倫敦證券交易所把英國上市局的職責正式移交金融服務管理局，並成為一間公眾有限公司，於2001年7月上市。

（3）交易所股東會出於自己的利益而維護交易所聲譽，這將對有利於會員但卻不利於市場發展的行為形成有力的約束。

（4）公司制交易所願意也能夠投入更大的財力和人力更新監管的硬件設備，如計算機系統，從而提高監管水平，並設法平衡監管成本和收益，避免不必要的浪費。

（5）公司制交易所市場反應迅速，能夠隨著市場環境的變化及時修改監管規則，更新監管標準。

（6）交易所間的競爭可形成一種有效的約束機制，促使公司制交易所加強監管。進一步地，如果交易所上市變成公眾公司，就必須嚴格符合一些標準，尤其是信息披露標準，這將使其運作更透明、更規範。

2.3 主要國家和地區的證券交易所在其監管體制中的定位與作用

2.3.1 美國紐約證券交易所

美國證券交易委員會（SEC）代表政府統一監管全國的證券發行、證券交易、證券商、投資公司。它是證券市場的一級監管機構。根據《1933年證券法》和《1934年證券交易法》而確立的SEC是一個獨立的、非黨派的、具有準司法權的權威性證券主管機構。由總統任命SEC主席，SEC主席對國會負責。SEC可以由國會授權制定法律，可以對違規行為進行管理和監督，可採取摘牌等措施，並作為聯邦法庭的顧問對公司重組程序提出意見。

紐約證券交易所處在美國證券業監管體系中的二級層次（如圖2.2所示），它處於市場監管的第一線。它與第一層監管構成了互補關係：①要接受政府的事前監管和事後評估。首先，作為自律組織要接受政府監管機構的監管和指導，其活動必須在法律規定的框架之內進行，其頒布的規則和標準要經過政府監管機構的審查才能得以實施；其次，自律監管的效果也要接受政府監管機構的事後評估，如果監管不力或行為違反法律規定，將要接受政府的修正、制裁和處罰。②自律監管還要面臨來自受害者事後的賠償訴訟，自律行為不當導致的任何損失都有可能引發受害者相應的賠償訴訟。這兩方面的壓力使得交易所等自律組織必須兢兢業業、誠信勤勉、恪盡職守，加強對行業的自我約束和自我管理，使行業免受來自政府的處罰和來自受害者的賠償訴訟請求。

紐約證券交易所主要具有以下權力：制定上市規則、交易規則、信息披露

等方面的標準，對其會員和上市公司進行管理，並即時監控交易活動，防止異常交易行為的發生；關注市場交易和交易的品種。

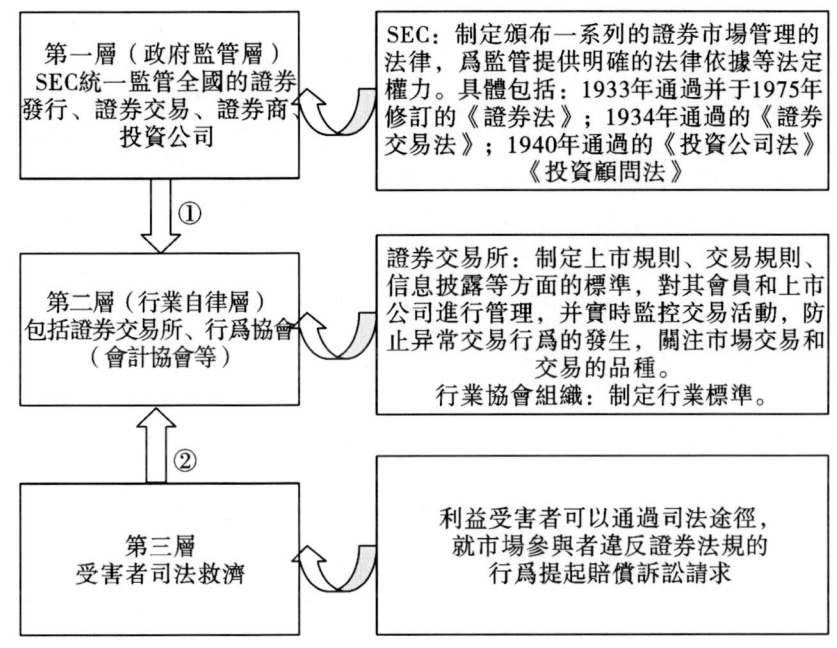

圖 2.2　美國證券市場監管體系層次圖

2.3.2　英國倫敦證券交易所

2001 年 12 月 1 日生效的《金融服務及市場法》規定成立金融服務管理局作為單一的法定監管機關後，倫敦證券交易所和英國金融服務管理局（FSA）監管上市公司職權分工和關係如下：

（1）在監管投資市場方面，金融服務管理局的職責。①監管金融服務管理局認可的投資交易所、交收結算所、其他市場使用者及從業者。這些交易所為有組織的市場，供成員公司買賣如股票及金融衍生工具等投資產品。倫敦證券交易所及倫敦金屬交易所屬此類交易所。金融服務管理局也負責認可及監管認可結算所，這些認可結算所處理認可投資交易所的交收事宜。金融服務管理局的另一職責，是處理認可海外投資交易所（例如雪梨期貨交易所及美國納斯達克證券市場）及認可海外結算所的跨境買賣申請，並進行監管。②監察市場活動及交易情況。金融服務管理局分析認可公司、認可投資交易所及交收系統的交易數據，研究是否有不正常的買賣活動。金融服務管理局已制定《市

場行為守則》，列明所有市場參與者應達到的標準，並監察其遵行守則的情況，對違規者具有處以罰款的權力。

（2）英國上市監管局（The Unite Kingdom List Agency，UKLA）的職權。證券市場的監管由金融服務管理局轄下的英國上市局負責。該局是審批證券可否列入正式上市名單的主管當局。「准許上市」與「准許買賣」並不相同，前者在於確保符合為投資者提供保障的最低標準，以及達至歐洲聯盟各國相互承認的上市地位；後者則是由證券交易所決定是否准許某一證券在其交易板買賣。英國上市局負責制定及修訂證券上市規則。根據《金融服務及市場法》，金融服務管理局如擬修訂規則或發出指引，須做公開諮詢，並進行成本效益分析和公布結果。在證券上市及取消上市資格方面，英國上市局的具體職責包括：①批准證券列入正式上市名單。英國上市局接收上市申請後，會審批招股書、上市資料及有關發售文件，確保發行人符合上市規則所訂的全部有關條件，然後批准將證券列入正式上市名單。金融服務管理局的行政人員有權做出非紀律決定（例如批准上市），而上市局檢討委員會則負責處理這方面的上訴個案。英國上市局致力確保上市公司持續遵行上市規則的規定（包括定期向市場披露有關資料），並有權向違反上市規則的上市公司或董事施加罰款。《金融服務及市場法》規定金融服務管理局須發表政策聲明書，列明該局決定施加罰款時須考慮的因素。②監管保薦人及顧問。除非獲金融服務管理局認可為「適當人選」，保薦人及顧問不得向發行人提供服務。③實施和執行發行人根據上市規則須持續遵行的規定，促使發行人全面、準確及適時地向市場披露一切有關資料。如在審核上市招股書方面的做法，英國上市局不會調查或核實有關資料的準確性或完整性，但有權要求發行人提供更多資料。④為避免投資者在沒法取得全部及完整資料的情況下進行交易，可以暫停或取消證券的上市資格。倘因數據不足，以致未能確保市場有秩序地運作，英國上市局會暫時將有關證券從正式上市名單除名。如某公司的證券因出現特殊情況以致交易不能如常進行，上市局會撤銷其上市資格。至於是否施加紀律處分，則屬監管事宜決議委員會（監管會）的權力範圍。不滿上市局檢討委員會或監管會決定的公司，可向金融事務及市場審裁處提出上訴，由審裁處根據個案的所有資料做出復核。有關各方可提出新證據，而審裁處可維持、推翻或更改上市局檢討委員會或監管會的任何裁決。

（3）倫敦證券交易所的職權。雖然倫敦證券交易所移交了其審核上市公司的上市的職能但是該所仍繼續施行一些適用於在其交易板報價的公司的規定，包括有權決定是否讓獲準上市的證券進行買賣，以及訂立和執行本身的規

則：①獲准買賣。要獲准在主板買賣，必須經過一個分兩階段的程序。如某公司打算將其證券在倫敦證券交易所買賣，須先向金融服務管理局申請將其證券納入該局轄下英國上市局的正式上市名單，然後再申請在交易所買賣。②須持續遵守的規定。公司於證券獲準在交易所買賣後，必須符合各項須持續遵守的規定，包括按照英國上市局的上市規則，適時發布股價敏感數據，以及按《獲準買賣及數據披露準則》（以下簡稱《準則》）披露數據。該套《準則》由交易所制定及實施，適用於獲準將證券在主板買賣的公司。要求公司符合各項須持續遵守的規定，旨在向投資者提供適當資料，以便他們評定有關證券的市值。③執行。交易所負責監察《準則》的遵守情況。若某公司違反《準則》，交易所可暫停該公司證券的買賣，在極嚴重違規的情況下，可撤銷該公司的證券買賣權。

（4）金融服務管理局及倫敦證券交易所在監管證券上市和證券買賣方面的關係。《金融服務及市場法》規定了證券市場的監管架構。如未經認可或豁免而進行監管活動，即屬刑事罪行。金融服務管理局被賦予大部分法定權力，而作為認可投資交易所的倫敦證券交易所則須向該局負責。任何交易所均須向金融服務管理局證明本身符合《金融服務及市場法》所規定的各項條件，包括已做出的有效安排，以監察交易所各項規則的遵行情況和執行監管工作，方可成為認可投資交易所及保持其認可資格。

2.3.3 日本東京證券交易所

日本的證券市場由金融廳下的證券交易委員會和包括東京證券交易所在內的自律組織進行監管。證券交易委員會的監管是一級監管，東京證券交易所等自律組織的監管是二級監管。委員會與自律監管機構共同承擔監察證券公司遵守規則及市場運作的責任。

（1）金融廳的職權（與證券業有關的業務）。①規劃及制定政策。訂立、修訂和撤銷與金融有關的法規及規例（例如《證券及交易法》），以制定對金融機構適用的規則。②視察私營金融機構遵守規則及實施風險管理的情況，根據視察手冊所載的基本原則及某些重點，進行實地視察。③監管金融機構。透過實地視察、非實地監察、要求金融機構提供風險數據報告，以及要求金融機構須於資本充足比率低於下限時採取補救措施等，確保金融機構的業務運作穩健良好。④制定證券市場及金融期貨交易所的交易規則，以及監察證券市場規則的遵行情況。

（2）證券交易委員會的職權。視察證券公司遵守交易規則的情況，監察每日市場運作，以及調查包括內幕交易、操控市場及偽造財務報告等刑事罪

行。委員會也會聯同金融廳調查局進行實地視察，並向金融廳提出建議，對違規證券經紀採取行政紀律處分，或把涉及證券罪行的個案轉交檢控官處理。此外，委員會也就政策事宜向首相、財務大臣及金融廳提交建議，以確保證券交易能公平地進行。

證券交易委員會還被授權監督管理證券業自律組織機構的活動，這些機構包括日本證券商協會及證券交易所等。《證券及交易法》規定了自我監管機構的職責，這些機構制定會員須遵守的行為標準，並視察及監察證券公司每日證券買賣情況。

（3）東京證券交易所的職權。①東京證券交易所負責核准證券上市（包括國內外的上市公司）以及監管交易參與者等工作。根據《證券及交易法》，證券交易所須自行制定證券上市規則。到目前為止東京證券交易所已制定多項規則，包括「上市規則」「股票上市準則」及「關於上市證券發行人發出通告類文書的規定」等。②監察上市公司及其證券交易情況。主要是進行及時（real-time）觀察或者監視已經成交的證券交易是否遵守既定的規則。一旦發現違規或不當的行為或不公平的交易，證券交易所將採取通告、停牌並上報證券交易委員會的措施。③監事上市證券。在上市之後，東京證券交易所會持續地監視發行人是否符合上市標準。如果有必要，證券交易所可以暫停該上市證券的交易。如果上市證券失去了上市的資格，則本交易所將給予其退市的處分。為了保護投資者及維持證券交易的公平和透明度，上市公司必須準確、迅速且公平地披露發行人及其證券的信息，作為投資判斷的基礎。為了達到該目的，證券交易所制定了公司披露的規則，以此作為規範依據。為了提高披露公司業務活動的重要信息的及時性，東京證券交易所規定了披露項目指南。該指南包含了披露時間及方法。此外，東京證券交易所引入了一項申請系統，以便投資大眾接觸披露信息的相關文件。

2.3.4　德國證券交易所

德國的證券監管模式為分級監管體制：中央、地方兩級政府和自律機構相結合的三級監管模式（如圖 2.3 所示）。德國沒有專門的證券監管機構，BAFin 是德國聯邦金融監管局，它監督整個金融體系包括銀行、保險、證券。由於德國實行「全能銀行」制度，銀行和證券業混業經營，因此證券業務也通過中央銀行來管理，並通過銀行監管局實施監督。州政府派遣委員同 BAFin 組成交易所委員會（Exchange Council）。它是交易所最高的決策單位，負責交易所法規的核准、費用管理、監督執行委員會。執行委員會則負責交易所的營運管理。上市審議委員會決定證券的上市，仲裁委員會處理交易產生的糾紛。

官方經濟商公會是一個公開法人團體，代表官方，負責發布官方報價，監督股票的交易。市場監事委員會負責監督交易結算及證券商提供的有價證券。可以看到德國證券交易所是官方機構，同時德國也有非官方的證券交易所。它要接受州政府的監管。州政府具有設立和撤銷證券交易所的權力。

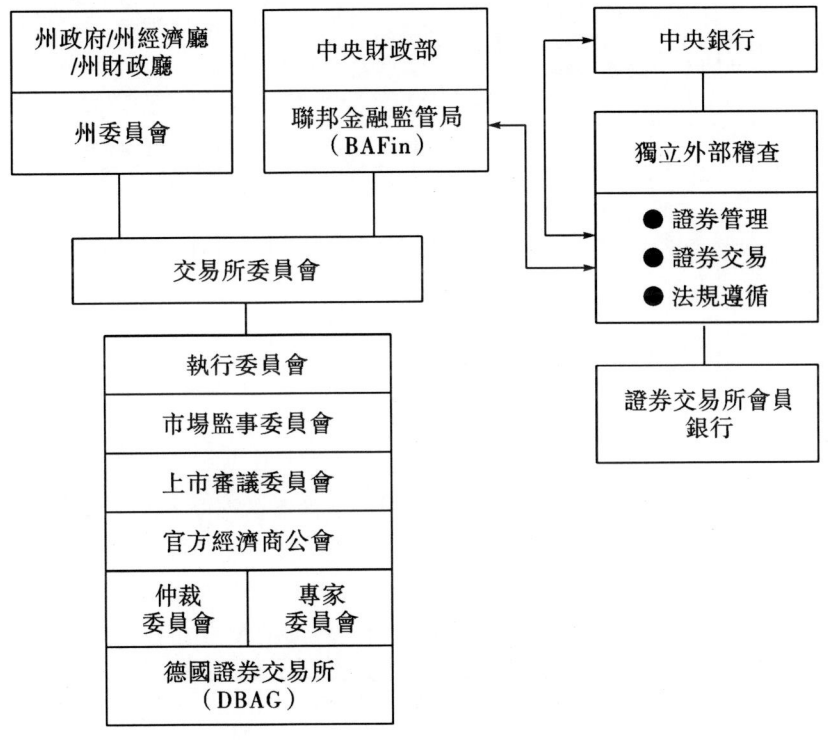

圖 2.3　德國證券市場監管體系層次圖

BAFin 依據《德國有價證券交易法》及《證券發行說明書條件》《證券發行說明書法》的相關規定，其一般權責主要包括下列各項：

（1）打擊及防範內部人交易行為。
（2）監督所有證券及衍生性商品的交易是否遵循證交法第九條相關報告。
（3）監督上市公司的公開披露信息是否符合要求。
（4）監督上市公司的持股異動是否符合披露要求。
（5）監督行為準則及投資服務公司的組成。
（6）公開說明書的保管。
（7）與國內其他機構的合作。
（8）與國外機關合作所有有關證券交易之監督事宜。

為了實現上述權責，BAFin 形成了以下組織框架結構（如圖 2.4 所示）。

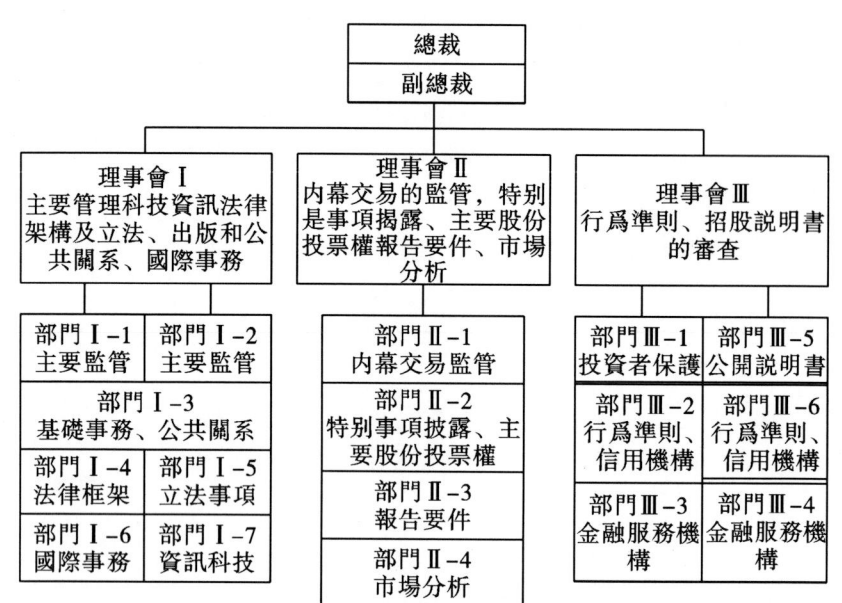

圖2.4 德國聯邦金融監管局（BAFin）的組織機構圖

州政府對證券市場的管理是通過其委派的委員實現其意志的。中央銀行對證券市場的監管是通過獨立外部稽查和在證券交易所的會員銀行得以實現。

德國證券交易所（DBAG）為主體的自律監管機構是德國證券市場監管體系的基礎和重要構成，負責證券上市、信息披露、二級市場交易等。

2.3.5 中國香港特別行政區香港聯交所

在中國香港特別行政區，香港聯合交易所和證券監管委員會共同對上市公司進行監管，在職權上進行了如下分工：

（1）證券監管委員會的權力（僅僅闡述其監管上市公司的職權）。

①監管上市公司的收購和兼併活動。

②監管聯合交易所在上市事務方面的活動。

③執行與上市公司有關的證券法例。

④具有對內幕交易和操縱市場的不法行為的調查權。

⑤具有對內幕交易和操縱市場個案的訴訟權和行政懲罰權。

（2）香港聯合交易所的職權。

①具有上市審批權。

②密切監管證券市場，識別不同尋常的股價和成交量的變動，並對交易異常變動進行調查，搜集證據，看是否有不法交易行為。

③退市處決權。
④上市公司持續義務的監管權。

2.4 全球證券交易所監管證券市場的理念與發展趨勢的比較與分析

全球證券交易所監管上市公司的理念無一不是以投資者為核心，通過對上市公司的監管，實現證券交易的公平化、公開化、公正化，進而切實保護投資者的利益。圍繞這一理念，世界各國證券交易所監管上市公司歷經了不同的發展。美國紐約證券交易所、日本東京證券交易所、中國香港聯合證券交易所在監管歷程中一直強調強制性的法規監管。強制性的法規制度不是萬能的，畢竟制度是人來執行的，在確定的制度範圍內，制度執行的效果是取決於人的。即強制性的監管過程中要注重監管的人性化。從業人員良好的綜合素質尤其是較高的道德水平可以彌補制度存在的不足，從而使制度更好地發揮作用；然而，如果從業人員綜合素質較差，特別是職業道德水平較低，也可以放大制度的缺陷。在證券市場這個非常專業的市場中，從業人員的職業道德水平是保障證券市場健康發展的重要基礎。「安然事件」以後，雖然這種強制性有增無減，但是紐約證券交易所的監管制度設計者已經充分認識到這一點，在2002年新公布的《紐約證券交易所公司治理規定》中，特意強調了商業行為和道德守則。①

---

① NYSE 商業行為和道德守則。每個上市公司必須要求制定自己的商業行為和道德守則，對該守則的放棄只能由董事會或者董事會的委員會做出決定並且必須迅速向股東披露。此外，每個上市公司的商業行為和道德守則都必須包含便利守則有效實施的遵守標準和程序。NYSE 進一步建議，每個上市公司的商業行為和道德守則都必須至少記載公司的下列政策：1. 禁止「利益衝突」，為雇員、高級管理人員和董事提供關聯公司潛在衝突的方式。2. 禁止雇員、高級管理人員和董事：(1)通過使用公司財產、信息或者職位為自己提供機會；(2)使用公司財產、信息或者職位為個人謀取私利；(3)與公司進行同業競爭。3. 確認雇員、高級管理人員和董事在情況出現時有義務將其合法利益墊付給公司。4. 要求雇員、高級管理人員和董事保守公司或其客戶的商業秘密（包括所有可能被用於競爭或者對公司或其客戶有害的非公共信息，如果披露的話），除非披露被批准或者是法律規定的。5. 要求每個雇員、管理人員和董事盡一切努力公平對待公司的客戶、供應商、競爭者和雇員，避免通過操縱、偽裝、對其享有特權信息的濫用、對實質性事實的錯誤表達或者其他任何不公平的實踐不公平地利用任何人。6. 要求所有雇員、管理人員和董事保護公司的資產，確保其僅在合法的商業目的有效使用。7. 主動促進對法律、規則和規章的遵守，包括《內部交易法》。8. 鼓勵雇員向合適的員工報告任何非法或者不道德的行為，主動發揚道德行為（包括員工在特定的情況下對採取何種行動有疑慮時，鼓勵員工與主管、經理或者其他合適的員工談話）。

中國香港聯合交易所也認識到了這一點。中國香港聯合交易所上市主管韋思齊說：「香港若要維持國際金融中心的競爭優勢，眾公司就必須實施良好的企業管治。《企業管治常規守則》標誌著我們朝向採納企業管治、最佳常規及資料披露的國際標準，邁出了重要的一步。」在 2004 年，香港聯合交易所有限公司（香港交易及結算所有限公司全資附屬公司）制定了有關《企業管治常規守則》（以下簡稱《守則》）① 以及《企業管治報告》規則，並於 2005 年 1 月 1 日實施。為了實施上述《守則》，聯交所已修訂了《香港聯合交易所有限公司證券上市規則》（以下簡稱《主板規則》）及《香港聯合交易所有限公司創業板證券上市規則》（以下簡稱《創業板規則》，與《主板規則》合稱為《上市規則》）。《主板規則》方面，《守則》取代附錄十四《最佳應用守則》；《企業管治報告》規則將會加入《主板規則》，成為新增的附錄二十三。《創業板規則》方面，《守則》將會加入《創業板規則》，成為新增的附錄十五，取代現行的《創業板規則》第 5.35 條至 5.45 條。《企業管治報告》規則將以全新的附錄十六加入《創業板規則》內。《上市規則》其他部分亦做出相應修訂改動，以配合推出《守則》以及《企業管治報告》。

然而，與紐約證券交易所、中國香港聯合交易所相比，倫敦證券交易所對上市公司的監管在強調強制性遵守的同時還注重對上市公司的指導，注重人性化的監管。從其制定的以下規則就能看到這一特點：《證券交易商行動準則》《基金經理人交易指導線》《最佳行為準則》《公司治理委員會綜合準則》《內部控制：綜合準則董事指南》。

從上文可以看到，發達國家或地區的證券市場在強制性監管的過程中既強調基本法規的嚴格監管，又強調對上市公司的行為道德進行規範，即強制的同時也注重人性化的一面。

---

① 《守則》規定了聯交所對良好企業管治原則的立場，並列載了兩個層次的有關建議：《守則條文》及建議最佳常規。發行人應遵守《守則條文》，但亦可選擇偏離《守則條文》行事。而建議最佳常規雖只屬指引，我們亦同時鼓勵發行人加以遵守；發行人可以其認為合適的條文，自行制定本身的企業管治常規守則。發行人須在其中期/半年度報告及年報中說明其於有關會計期間有否遵守《守則》所載的《守則條文》。發行人須在年報中刊載《企業管治報告》，內容包括有關其企業管治常規的指定披露資料。發行人如有任何偏離載於《守則》內《守則條文》的行為，須提供經過深思熟慮得出的理由。如屬年報，發行人須於《企業管治報告》中載述有關理由；如屬中期/半年度報告，發行人則須就每項偏離行為提供經過深思熟慮得出的理由，或在合理和適當的範圍內，提供載於上一份年報的《企業管治報告》，並詳細說明任何轉變，並就未有在該年報內申報的任何偏離行為提供經過深思熟慮得出的理由。我們鼓勵發行人說明有否遵守建議最佳常規，並且就任何偏離行為提供經過深思熟慮得出的理由；但這並非一項強制規定。《守則》分為五大部分，當中涉及董事、董事及高級管理人員的薪酬、問責及核數、董事會權力的轉授，以及與股東的溝通。《守則》每部分均載述《守則條文》及/或建議最佳常規，以及有關條文背後的原則，以協助上市發行人自行制定其本身的董事會常規。

3 全球主要證券交易所對上市公司信息披露監管機制的比較分析

證券市場本身就是一個信息市場，信息在引導著社會資金流向各實體經濟部門的同時決定著證券市場的價格發現與均衡價格的形成，進而實現證券市場有效配置市場資源，實現社會福利最大化。而要充分實現證券市場配置資源的有效性必須保證信息的真實性、準確性與完整性。因此，一個成熟發達的證券市場，必然具備健全的上市公司信息披露制度，即強制性要求上市公司必須及時、準確地披露所有與其發行證券有關的信息，改善市場信息環境，以此來規避證券市場上的詐欺、內幕交易、市場操縱等行為，降低資本市場的信息不對稱程度進而降低交易成本，從而提高資本市場的效率。由此可見，上市公司信息披露在證券市場運作和功能發揮過程中都處於尤其重要的地位。為此，本章基於第2章對全球主要證券交易所所處的監管體系及其功能定位、監管上市公司理念與趨勢的分析，對全球主要證券交易所對上市公司信息披露的監管進行對比分析，為完善中國上市公司信息披露制度提供參考。

3.1 上市公司信息披露監管的意義及其法律制度體系的形成

強制性信息披露制度是證券市場監管制度的核心內容，是由有效市場假說理論和非對稱信息理論引申出來的。它通過強制上市公司持續披露信息以期解決證券市場信息失靈問題，通過信息的公開與透明消除上市公司、大股東、企業經營管理者與普通中小投資者之間存在的信息不對稱問題。

在強制性信息披露制度建設方面最為典型、最有代表意義的是美國。美國

證券監管歷史上最重要變革產生的根源是1929—1933年的金融與經濟危機造成的證券市場崩潰。當時的證券市場詐欺、投機猖獗（如上市公司披露虛假信息導致證券價格完全背離其內在價值成為純粹投機工具），存在嚴重的股市操縱行為、過度的證券信用交易以及政府監管不力等問題。這些綜合因素既導致了證券市場的崩潰，也促進了管理層統一監管的決心。在這一監管精神的指導下，《1933年證券法》和《1934年證券交易法》相繼出抬，其他投資法和投資者保護法也隨後發布，形成了美國證券市場披露信息的統一規範。這些規範以公開信息披露和維護中小投資利益為宗旨，旨在恢復投資者對資本市場的信心，重建近乎癱瘓的資本市場與金融制度。

《1933年證券法》和《1934年證券交易法》以及其後幾部有關證券管理的聯邦立法具體規定了信息披露的要求、信息披露義務人履行信息披露義務的程序，違反信息披露義務的處罰措施與處罰程序等內容。這些關於信息披露的立法，在美國法律體系中屬於聯邦國會立法，其地位僅次於憲法。這是特別要引起中國證券監管部門和法制部門注意的。這些關於證券市場信息披露的立法在美國法律體系中具有很高的法律地位（注意：美國聯邦立法中並沒有統一的公司法），這種權威的法律地位為美國證券市場的信息披露的平穩實施起到重要的保障作用，正是依據這些權威的法律規定，SEC才獲得了必要的獨立性與足夠的權威。SEC監管證券市場的職責是美國國會立法賦予的職權，SEC只對信息披露規則的有效實施負責，而不必要考慮信息披露規則對市場或宏觀經濟的正面或負面影響，因此，證券信息披露才得以持之以恆地貫徹執行。

美國上市公司信息披露法律規範的核心是《1933年證券法》和《1934年證券交易法》。SEC將法律的要求進一步細緻化，制定了對應的規則。另外，《1940年投資公司法》《1934年投資顧問法》等法律也涉及信息披露的要求。我們可以把美國證券市場信息披露的法律規範分為三個層次[①]：

第一層次為美國國會頒布的有關法律，包括《1933年證券法》《1934年證券交易法》《1935年公共事業持股法》《1939年信用契約法》《1940年投資公司法》《1940年投資顧問法》《1964年證券法修正案》《1970年證券投資者保護法》《1978年破產改造法》等。

第二層次為美國SEC制定的關於證券市場信息披露的各種規則和規定。重要的有：《財務信息披露內容與格式條例》《非財務信息披露美容與格式條例》《財務報告編輯公告》《會計、審計執法公告》《會計公告》及其他一些

---

① 類似的分法在曹鳳歧主編的《中國上市公司管理》中提過。

相關的規定與表格。《財務報告編製公告》是對財務信息披露規則、實施細則以及其他會計方面的指南，《會計公告》是SEC關於財務信息披露的要求的說明與解答。

第三層次為證券交易所制定的有關上市和市場規則。

美國強制性信息披露法律規範作為一個完整的體系逐漸引起了世界各國證券市場監管部門與政府主管部門的重視，無論是發達國家證券市場還是發展中國家證券市場大多以美國的信息披露監管為標杆進行效仿和借鑑。

其他幾個樣本國家和地區的信息披露的法律體系相對於美國來說要簡單。例如，日本的證券市場在監管模式上主要受德國和美國的雙重影響。日本的商法承襲的是19世紀的德國模式，但第二次世界大戰以後，日本參照美國制定了《證券交易法》。因此，日本信息披露的模式基本上介於德國和美國之間，其主要的規範體系由《商法》《證券交易法》《稅法》以及會計準則等構成。所以人們普遍稱之為「三法體制」。日本明文規定，上市公司的信息披露必須遵照《商法》《證券交易法》《稅法》和相關會計準則的要求。1974年和1987年股災使得香港地區政府不得不對證券市場進行立法監管，其中對信息披露進行規範的有《證券條例》《公司條例》《證券（信息披露）條例》、香港聯合交易所股票上市規則、《證券（信息披露）條例》的例外規則。

3.2 全球主要證券交易所監管上市公司信息披露的機制及比較分析

信息披露監管無疑是證券交易所監管上市公司的最重要的環節，對上市公司信息披露的監管屬於微觀監管、個體監管，是交易所一線監管中最重要、最基礎的部分。信息披露監管的有效性依賴於整個信息披露機制的設計，特別是交易所監管的詳盡規則的制定，也依賴於與此相關的各個監管環節的綜合作用，比如對財務的監管、內部運作的監管、信用狀態的監管等。

負責上市公司信息披露監管的管理機構主要包括證券主管機關和證券交易所。對上市公司初次信息披露的監管，證券主管機關與證券交易所在職責上的劃分主要取決於一國或地區的證券發行上市採用何種審核制度。在核准制下，如果審批機構為證券交易所，則上市公司初次信息披露的監管職責主要由證券交易所承擔，但通常證券主管機關也保留有對上市公司有關違規行為進行問詢和調查處理的權力。在註冊制下，上市公司初次信息披露的監管機構主要為證

券主管機關，信息披露的主要規定均由其做出，對違反信息披露制度行為的處罰也主要由其執行，證券交易所的作用僅在於根據其制定的上市標準決定上市公司是否具備上市資格。上市公司在發行上市以後所進行的持續性信息披露，其監管主要由證券交易所進行，證券主管機關一般僅就重大事項或違規行為進行監管。

在各國和地區的證券市場上市公司信息披露監管的實踐中，往往將上市公司首次上市的信息披露監管稱為靜態監管，而將上市公司上市後的定期報告披露、臨時信息披露等監管稱為動態監管。本章從上市公司信息披露靜態監管機制、動態監管機制兩個維度，比較分析了主要證券交易所對上市公司信息披露監管的具體機制設計。

3.2.1　證券交易所對上市公司信息披露的靜態監管機制的比較分析

美國、英國、日本、中國香港特別行政區的證券交易所對上市公司初次註冊上市的信息披露採用的是招股說明書的形式，招股說明書所要求的內容框架基本一致，且上市公司 IPO 時均採用「櫥櫃式註冊」（shelf registration），原理方式都差不多。但美國同時採用了與「整合披露制度」相結合的雙重披露機制和其他交易所沒有的在招股說明書中預測性信息披露設計的有特色的監管機制，即「櫥櫃式註冊」+「整合披露制度」+預測性信息披露監管機制。因此美國對 IPO 的監管更具有代表性。基於此，下文將介紹紐約證券交易所初次上市的信息披露（包括招股說明書中預測性信息披露）的監管機制。

3.2.1.1　紐約證券交易所對初次上市採用了雙重信息披露機制

美國頒布的《1933 年證券法》主要針對的是一級市場即證券發行市場。根據其規定，除了《1933 年證券法》和 SEC 規則規定的「豁免證券」（exempt securities）和「豁免發行」（exempt offering）外，任何證券發行都必須向 SEC 註冊，在提交的註冊聲明中要披露如下方面的信息：①發行人的財產和業務狀況；②欲發行證券的主要條款及其與發行人其他資本證券的關係；③發行人的管理狀況；④經獨立的公共會計師審計過的財務聲明。如果 SEC 對信息披露的充分程度沒有異議，那麼 20 天後註冊自動生效；如果有異議，SEC 有權要求註冊人補充披露信息，註冊生效時間順延（實踐中 SEC 也可以在其認為適當的情況下讓註冊提前生效）。在提交註冊聲明之前，發行人不得銷售證券，也不得發出要約；在提交註冊聲明到註冊生效的等待期內，發行人可以發出要約，但不得銷售證券；只有在註冊生效後才能實際銷售證券。這種區分三個階段的制度安排旨在給予投資者相對充分的時間來瞭解註冊聲明所披露的信息，

避免做出草率的投資決定。

《1933年證券法》規定的20天等待期成為上市公司發行證券時一個很棘手的問題：因為證券市場的瞬息萬變，往往是到了等待期結束註冊聲明生效時，市場狀況已是面目全非，原有的發行計劃已難以執行。為此，SEC於1982年制定了415號規則，允許使用S-3表進行註冊的公司對其近期準備發行的證券進行預先註冊，然後在註冊生效後的兩年內根據市場情況隨時發行（一次或多次），無須另行註冊，這就是所謂「櫥櫃式註冊」（shelf registration），即把證券註冊後放在「櫥櫃」上備而不用，等到需要時再取下來發行。由於在進行「櫥櫃式註冊」時，公司無法提供發行價格、（債券）利率和承銷商佣金等信息，因此公司在其後每次實際發行時都必須向SEC提交一份載有上述信息的招募說明書補充件。很重要的是這一補充文件只具有備案和披露的意義，無須等待SEC批准。

《1933年證券法》的註冊方式是定位於發行人行為的而不是發行人的，因此發行人的每次發行都必須提交新的註冊聲明，重新註冊和披露。這樣，在聯邦證券法下的上市公司實際上負有雙重信息披露義務：首先，它們必須定期披露經營管理狀況和向SEC提交財務報表；其次，當它們要發行新證券時，還必須向SEC提交註冊聲明，重複與公司有關的一般信息並披露與發行有關的具體信息。為了解決重新註冊與重複披露的問題，1982年紐約證券交易所採用了「整合披露制度」。

「整合披露制度」的基本含義是公司可以在證券招募說明書中以「參見」的形式援引（incorporate by reference）定期報告中有關公司情況的信息，而無須寫入，從而減少重複披露，降低公司的籌資成本。這一制度的基本理念是，「重大信息」的含義在證券發行市場和交易市場上是一致的，公司在定期報告中披露的公司重大信息，也正是投資者在證券發行時需要知道的信息，因此整合披露是可能的，也是合理的。為此，SEC先是於1977年通過了S-K號規章，明確規定了哪些事項屬於需要披露的重大信息，《1933年證券法》下的註冊表（S-1、S-2和S-3表等）和《證券交易法》下的報告表（10-K、10-Q和8-K表等）的內容均以之為依據，從而統一了兩部法律對需要披露的與公司有關信息的要求。在此基礎上，SEC於1982年允許公司在發行註冊聲明中不同程度地援引10-K表和其他定期報告中的內容。從而形成了雙重披露體系。

鑒於證券招募說明書中通常充斥著各種專業術語和繁雜定義，為了使投資者更好地把握要點，避免遺漏或缺失被發行者層層包裹起來的不利信息，SEC在1998年制定了「簡明英語規則」（plain English rule）。簡明英語規則要求招

募說明書前部（front portion，包括封面、封底、摘要和風險因素部分，通常用光滑的紙張和較大的字體印製）的行文必須使用簡明的英語，因為這是投資者閱讀頻率最高的部分。簡明英語規則包括如下幾個方面的具體要求：①使用短句；②使用確定、具體的日常語言；③使用主動語態；④盡可能給複雜內容附上圖表；⑤不使用法律專業術語或高度技術性的商業用語；⑥不使用雙重否定句。除此之外，同時制定的 421（b）規則還要求整個招募說明書的用語清楚、簡練和容易讀懂。

3.2.1.2 紐約證券交易所對初次上市公司重要的預測性信息（Forward Looking Information）披露的監管機制

美國紐約證券交易所對預測性信息的披露的規範先後經歷了以下過程：

第一階段（鼓勵階段）：1979 年，SEC 制定並頒布了第 175 號規則（regulation 175）為預測性信息披露提供了「規則性安全港」（safe harbor），同時法院通過判例確定「預先警示注意」原則（「bespeaks caution」doctrine）。

第二階段（強制階段）：1989 年，SEC 在規章 S-K 中新增了第 303 項「管理層對財務狀況和經營結果討論和分析」（MD&A）規定了上市公司前瞻性信息披露義務。1995 年通過的《私人證券訴訟改革法》（PSLRA）在《1933 年證券法》和《1934 年證券交易法》中分別新增了第 27A 條和第 21E 條（內容相同），為預測性信息的披露提供了一個「立法性安全港」（statutory safe harbor）。

（1）SEC 第 175 號規則。SEC 第 175 號規則又被稱為規則性安全港，其為前瞻性信息披露和自願性預測信息披露提供了免責制度。根據 SEC 第 175 號規則，只要有關預測性信息的披露是基於善意的（good faith）並具有合理基礎（reasonable basis），那麼即使其預測與最終的事實不符，披露人也不承擔證券詐欺責任。表 3.1 列出了該規則的基本內容。

表 3.1　　　　　　　SEC 第 175 號規則的基本內容

適用的對象	●適用於《1934 年證券交易法》下的報告公司和首次進行公募發行（IPO）的非報告公司 ●根據 SEC 規章 A 進行私募發行的非報告公司；該類公司是在 1992 年 SEC 制定《小企業促進方案》（*Small Business Initiative*）後納入的 ●披露的公司、代表其進行披露的人以及公司雇傭來進行預測的外部評論人都可以享受規則的保護

表3.1(續)

規則適用的預測性信息類型	●對稅收（revenue）、收入、每股收益（虧損）或其他財務項目如資本支出、股利或資本結構等的預測 ●管理層對公司未來經營的計劃和目標 ●盈利摘要或季度收入聲明的「管理層討論和分析」部分中對未來經營業績的預期 ●規則也適用於上述預測背後的假定（assumptions），如市場條件、需求狀況、競爭程度等
適用的披露途徑	●在登記聲明、規章A下的募集聲明、《1934年證券交易法》下的各種報告、股東年度報告以及向SEC提交的其他文件中所做的披露（之中） ●對於在上述文件之前披露的前瞻性信息，如果後來包括在了提交的文件中，那麼規則可以溯及起初的披露（之前） ●規則也適用於在上述文件提交之後對其中的前瞻性信息的繼續披露和再度確認，只要這種披露和確認在當時仍能滿足善意和合理基礎標準的要求（之後）
舉證責任	規則規定由原告承擔舉證責任，即由要求公司承擔不實陳述責任的原告來證明公司的披露欠缺善意和合理基礎

（2）SEC第175號提示性原則。聯邦法院在證券詐欺訴訟的審理過程形成了「提示注意」原則（「bespeaks caution」doctrine）。根據該原則，如果公司在披露預測性信息時伴以有意義（meaningful）的警戒性聲明，表明該信息的預測性本質並指出可能導致預測無法實現的風險因素，那麼法院將認為該項信息中的不實陳述或遺漏不具有重大性（materiality），或者投資者對該信息的依賴是不合理的，從而免除公司的責任。

（3）MD&A強制披露要求（303條款）。該條款既適用於報告公司，也適用於進行IPO的非報告公司。1989年，SEC發布了關於公司管理者討論與分析（MD&A）披露義務的解釋。在該解釋中，SEC提醒發行公司：第一，根據規章S-K 303條款規定，公司必須披露目前已經知曉的發展趨勢（Trends）、事件（Events）和可以合理預見將對公司未來產生重大影響的不確定因素（Uncentainty）；第二，強調303條款允許公司披露預測的未來發展趨勢或事項，以及目前已經知曉的發展趨勢、事項或不確定因素的未來影響。按照SEC的要求，當任何趨勢、要求、承諾、事件或不確定性為管理層所知時：管理層必須分析其是否有可能真正實現（come to fruition），如果不可能實現，那麼就不存在披露義務；如果有可能實現，那麼管理層就要進而分析其是否可能對公

司的財務狀況或經營結果產生重大影響，如果可能產生此種影響，那麼公司就有披露義務，否則無須披露（如果管理層在第一步無法確定，那麼它必須假定它們有可能真正實現，並進入第二步的分析）。與此義務相應，在實踐中如果一個公司的財務狀況或經營結果在某個報告期間發生了重大變化（如現金流的重大增加或減少），而發生這種變化的可能性在此前的報告中又未予提及，那麼SEC將對其進行調查，以確定在當時的條件下其是否盡到了分析和披露職責。

303條款對前景性信息的界定是：①任何已知的趨勢或已知的要求、承諾、事件或不確定因素。它們將會導致或者合理地預見可能會導致註冊人的流動性以任何重大的方式增加或減少。②任何已知的註冊人的資本資源的重大趨勢，無論是有利還是不利的，包括任何在資源的組合與成本方面可以預見的重大變化。③任何已知的或者註冊人合理預見將會對其持續經營的淨銷售或利潤或收入產生無論是有利還是不利的重大影響。303(a)條款披露準則要求把討論與分析集中在有關公司管理者已知的重大事件和不確定因素是否將導致已經披露和報告的財務信息無法必然顯示未來營運結果或未來財務狀態。這種披露應當包括對那些將對未來營運結果產生影響但卻未對過去營運產生影響的事件的描述和量化；以及對那些曾經對報告的營運結果產生影響但卻不再對未來營運產生影響的事件的披露。例如計劃的資本費用、預期成品單位售價的下降、產品價格的增加或降低，或者重大合同的終止可能性等。

對於決定一個趨勢、承諾、事件或不確定性的重大性時，SEC主張以下兩個標準：第一，註冊人必須評估是否每個已知的趨勢、需求、承諾、事件或不確定性都具有合理地發生的可能性。如果沒有，那麼便不需要披露。第二，如果管理者無法對上述問題做出決定，那麼在假定上述事項將要發生的前提下，客觀地評價這些事項的後果。除非管理者決定該事件的發生對註冊人的財務狀況或營運結果不可能有重大影響，否則就應當披露這些事項

（4）1995年通過的《私人證券訴訟改革法》（PSLRA）。該法又稱為法定安全港的確立。為了遏制私人證券訴訟的濫用，1995年美國通過了《私人證券訴訟改革法》為預測性信息的披露提供了一個「立法性安全港」（statutory safe harbor）。根據上述條款的規定，只要符合下列條件之一，公司就不為其披露行為承擔任何私人證券訴訟上的責任（SEC提起的執法訴訟不在此限）：①該信息被標明為前瞷性信息，並且伴以有意義的警戒性聲明（這一條實際上是將「提示注意」原則成文化）；②（法院按照其他標準認定）該信息欠缺重大性；③原告不能證明被告對信息的虛假性存在事實上的知情（actual knowledge）。表 3.2 給出了適用 PSLRA 的重要規定。

表 3.2　　　　　　　　PSLRA 安全港中重要規定表

適用範圍	適用於報告公司、被發行人雇傭或代表其行為的人以及承銷商，但承銷商只有在其披露的信息是基於或衍生自公司所提供的信息時才能享有安全港的保護（註：安全港不適用於非報告公司的 IPO 登記聲明，也不適用於報告公司根據 GAPP 準備的財務聲明）
適用的信息類型	基本同 SEC 第 175 號規則
更新義務	不要求上市公司更新預測性錯誤
特別規定	當代表公司行為的董事、官員等口頭披露的預測性信息時說明了該信息為預測性信息並申明了實際結果可能會與預測有重大區別的情況下，且該披露人務必指明一個「容易獲取」的其中列出可能導致上述重大區別的因素的書面文件，同時務必保證該文件滿足「有意義的警戒性聲明」的標準，則該披露不承擔訴訟責任

3.2.2　證券交易所對上市公司信息披露的動態監管機制的比較分析

3.2.2.1　上市公司定期報告信息披露的監管比較分析

　　定期報告主要包括年度報告、半年報告（中期報告）、季度報告和月度報告。報告的性質不同，所要求披露的內容也不完全相同。其中，年度報告和半年報告的內容最為全面，也是各主要證券市場上市公司定期報告的主要形式。部分證券市場要求上市公司提供季度報告，但在內容上略少於年度報告和中期報。表 3.3 給出了全球主要證券交易所的上市公司定期報告的時間間隔比較。

表 3.3　　　全球主要證券交易所的上市公司定期報告的時間間隔

報告形式 交易所	年度報告	半年報告 （中期報告）	季度報告
紐約證券交易所	財政年度後 60 天內披露（2003 年新規定）		季度結束後 30 天內披露（2003 年新規定）
倫敦證券交易所	財政年度後 180 天內披露	半個財政年度後 120 天內披露	
德國證券交易所	無相關資料考證	無相關資料考證	
東京證券交易所	財政年度後 90 天內披露	半個財政年度後 90 天內披露	2004 年 4 月份要求國內上市公司實行季度報告披露制度

表3.3(續)

交易所＼報告形式	年度報告	半年報告（中期報告）	季度報告
中國香港特別行政區香港聯合證券交易所	財政年度後150天內披露	半個財政年度後90天內披露	

　　幾大樣本交易所對上市公司的年報中要求披露的事項基本一致，概括起來有：

　　（1）公司及其附屬公司過去五年內的一般業務發展概論。

　　（2）列出公司過去三年來每年每項業務的應占收入、營業利潤或虧損以及可辨認的資產。

　　（3）描述公司及其附屬公司所經營或計劃經營的業務，焦點在於公司的主線業務或是財務報表中載列其財務資料的每一項須予報告的業務範疇。

　　（4）列出公司每個業務地區過去三個財政年度每年的應占收入、營業利潤或虧損及可辨認的資產，以及其出口外銷的總額或是按銷售地區劃分的銷售數額。

　　（5）簡述公司及其附屬公司的主要廠房、礦場及其他極重要房產的地點及一般性質。

　　（6）簡述任何涉及公司或其任何附屬公司又或其任何物業而又尚未了結的重大法律訴訟（公司業務連帶出現的一般常見訴訟除外）。

　　（7）列出於最後實際可行日期，公司每類股份持有人的約數。

　　（8）列出將會導致或相當可能會導致公司的資金流動性大幅增加或減少的任何已知趨勢或任何已知需求、承擔、事項或不明朗因素。

　　（9）於財政期間結束時有關資本開支的重大承擔、此等承擔的一般目的以及履行此等承擔預計所需資金的來源。

　　（10）論述公司資本資源上任何已知的有利或不利趨勢。

　　（11）對持續經營業務已入帳的收入額造成重大影響的任何不尋常或不常見事項或交易又或重大經濟轉變的評述，並列明各有關情況對收入影響的程度。

　　（12）對持續經營之業務的淨銷售或收益或收入造成或公司估計相當可能會造成極有利或不利影響的任何已知趨勢或不明朗因素。

　　（13）若淨銷售或收益大增，則論述有關增幅中有多少是源自提高價格，或源自貨品或服務的銷量上升，又或源自新產品或服務的引入。

（14）討論最近三個財政年度通脹及價格變動對公司淨銷售和收益以及持續經營業務的收入的影響。

（15）公司須在有關財政年度結束時，就其在衍生財務工具、其他財務工具及衍生商品工具方面活動所面對的市場風險提供數量上的數據。

（16）公司須呈列對上一個財政年度的市場風險資料。此外，如該年度與上一個財政年度在市場風險的數量上有大幅轉變，公司須論述有關原因。

（17）有關公司的重大市場風險（包括利率風險、外幣的匯率風險、商品價格風險及其他有關市場利率或價格風險）的評述。

（18）描述公司如何管理有關市場風險，其中須包括（但不限於）討論有關管理該等風險的目的、一般策略以及所用的工具（如有）。

（19）董事的聲明，表示公司業務將會持續經營，並按需要提出其支持的假設或保留意見。

（20）列出公司在財政年度內所實行的主要公司管治的做法，包括披露下列資料：

①個別董事是執行抑或非執行董事。

②公司就下列事宜所採用的主要程序：制定公司董事會成員的資格準則，檢討董事會成員的組成，提名代表進入董事會。若程序中牽涉有提名委員會，則列出或概述該委員會的主要職責、有關委員的姓名以及他們在公司的職位。

③非執行董事的委任及退任政策。

④董事會或個別董事在履行職責時可尋求獨立專業意見。

⑤制定及檢討下列人士的酬金安排的主要程序：行政總裁（或等同職位者）及董事會內其他高級行政人員，以及董事會的非執行董事。若程序中牽涉有酬金委員會，則列出或概述該委員會的主要職權及有關委員的姓名。若有委員會委員不屬於公司董事會的成員，則列明該委員的職位。

⑥制定及檢討董事會的酬金的主要程序。若程序中牽涉有酬金委員會，則列出或概述該委員會的主要職權及有關委員的姓名。若有委員會委員不屬於公司董事會的成員，則列明該委員的職位。

⑦公司在提名外界核數師以及檢討現有外界審計安排（特別是審計的範疇及質素）是否足夠方面所設定的主要程序。若程序中牽涉有審計委員會，則列出或概述該委員會的主要職權及有關委員的姓名。若有委員會委員不屬於公司董事會的成員，則列明該委員的職位。

⑧董事會找出重大業務風險所在以及安排管理該等風險的方法。

⑨公司制定並維持適當道德標準的政策。

（21）每類股本證券所附有的投票權。

（22）公司的證券同時掛牌的其他證券交易所名單。

上市公司對交易所規定的所披露的事項負有披露義務，只是在披露的方式上存在差異，下面介紹紐約證券交易所關於上市公司進行定期報告的機制設計。

美國的《1934年證券交易法》主要針對二級市場即證券交易市場。最初它只適用於其證券在全國性證券交易所（紐約證券交易所和美國證券交易所）上市交易的公司。該法要求這些公司必須向證券交易所和 SEC 進行註冊而成為所謂的「報告公司」（reporting company），承擔披露和報告義務。1964年的修正案將其適用範圍擴展到從事櫃臺交易的公司，要求凡是總資產在1,000萬美元以上且股東人數在500人以上的公司以及依據《1933年證券法》進行過任何註冊發行的公司，都必須註冊成為報告公司。報告公司必須定期向 SEC 提交年報（10-K表）、季報（10-Q表），披露其經營、財務和管理狀況。同時 SEC 在定期報告中為上市公司規定了廣泛的披露事項，在提交定期報告之間的階段卻並不強制其隨時披露重大信息，除非該信息屬於臨時報告中所要求的事項。但是如果某個壞消息出現在提交定期報告之間，又不屬於8-K表（披露臨時報告用的表格）所列舉的事件，則 SEC 允許管理層根據其合理的商業判斷，自行決定披露的適當時機。

3.2.2.2 上市公司臨時報告信息披露的監管比較分析

臨時報告是指上市公司按有關法律法規及規則規定，在發生重大事項時需向投資者和社會公眾披露的信息，是上市公司持續信息披露義務的重要組成部分。上市公司臨時報告制度主要涉及兩方面問題：一是披露標準，二是披露審查程序。

（1）上市公司臨時報告的披露標準。從全球主要證券交易所監管實踐看，臨時報告的披露標準主要有兩個：一是重要性標準，二是及時性標準。前者衡量的是上市公司在發生什麼樣的事項時須進行披露，後者解決的是上市公司在發生重大事項時應在什麼時間進行披露。確定適宜並明確的重要性標準一直是各國或地區證券立法的理想，但這個工作有相當的難度。一方面，信息是否重要具有相對性，一件具體事項因規模、利潤、資產、商業營運性質及其他因素的不同，其發生對不同主體的重要性並不等同；另一方面，確定重要性標準還存在一個平衡問題，即重要性標準既要使上市公司披露一切能讓投資者做出合理投資決策所需要的信息，又不能使市場充斥過多的噪音。從實踐中看，國外主要證券市場確定重要性的標準有兩個：一是影響投資者決策的標準。根據該

標準，一件事項是否重要取決於其是否對投資者做出決策產生影響。二是股價敏感標準。根據該標準，一件事項是否重要取決於其是否會影響上市公司證券價格。表 3.4 給出了各國交易所所採取的重要性標準。

表 3.4　　臨時性報告披露的信息重要性標準選擇比較

	股價敏感標準	影響投資者決策標準
紐約證券交易所	√	√
倫敦證券交易所	√	
德國證券交易所	√	
東京證券交易所		√
香港聯合交易所	√	

根據表 3.4，紐約證券交易所採用了股價敏感標準與影響投資者抉擇標準兩項因素。倫敦、德國、香港的交易所只採用了股價敏感性標準一項，東京證券交易所只採用影響決策標準一項。從理論上講，選擇一項或兩項作為重要性標準都有意義，但到底誰更好，國內外還沒有合理的實證分析結論。

及時性標準指上市公司應毫不遲疑地依法披露有關重要信息。從上市公司的角度來看，及時披露重要信息，可以把公司發生的重大事項和變化及時通知市場，使公司股價及時依據新的信息做出調整，以保證證券市場的連續和有效；從投資者的角度來看，及時披露可使投資者依據最新信息及時做出理性投資決策，避免因信息不靈而遭受損失；從社會監管的角度來看，及時披露可縮短信息處於未公開階段的時間，縮短內幕人士可能進行內幕交易的時間，減少監管的難度和成本。故全球主要證券市場均將及時披露作為對上市公司臨時報告的基本要求。

表 3.5　全球主要證券交易所對上市公司臨時報告及時性的標準比較

紐約證券交易所	《1934 年證券交易法》要求，上市公司在發生可能影響投資者決策的重大事件時，需向證券交易所提交報告。該報告應於事件發生後 5~15 天內以 8-K 表（外國發行人使用 6-K 表）的形式提交，具體時間期限視具體情況而定
	2002 年紐約證券交易所根據《索克斯法案》規定上市公司在發生可能影響投資者決策的重大事件後 2 個工作日內必須提交 8-K 表格，並在 8-K 表格中新增加了 11 項披露事項

表3.5(續)

納斯達克 （NASDAQ）	其規則規定，除特殊情況外，上市公司必須迅速通過新聞媒體向公眾披露有理由認為會影響其證券價值或投資者決策的任何重要消息，上市公司還必須在通過媒體向公眾披露重要信息之前通知NASDAQ。同時建議，上市公司最起碼要在發布這樣的信息之前提前10分鐘通知NASDAQ
東京證券交易所	立即公告，同時通知主管機關及證券交易所
英國證券交易所	立即通知上市委員會，同時可向新聞媒體發布
德國證券交易所	立即通知聯邦金融監管局
香港聯合交易所	部分立即公告，部分經聯交所審核後立即公告

（2）上市公司臨時報告披露的審核程序。根據證券交易所的上市規則及有關上市協議，對上市公司臨時報告的審查主要由證券交易所進行，上市公司在發生某些重大事項時也需向監管機構報告。海外主要市場證券交易所對上市公司臨時報告的審查程序有兩種模式：一種是事後審查。上市公司在發生重大事項時即時披露信息，同時向證券交易所及主管機關申報。另一種是事前審查。上市公司在發生重大事項時要在向證券交易所申報，經審核後才可公開披露。兩種模式各有利弊。事前審查的好處在於證券交易所能較好地判斷信息的重大影響程度，從而選擇最佳的信息披露時機、方式，並採取合理的應急措施如暫停交易，但存在效率低、監管成本高的弱點，而且信息披露的時滯長。事後審查正好與之相反，具有效率高、監管成本低、披露更為及時等優點，但存在事前控制重大信息披露不規範的風險。香港聯交所採取「部分事項事前審查、部分事項事後審查」的方式，即對於在一般性規定範圍內的事項，上市公司可直接在指定報刊或指定網站上披露，而對於必須予以公布的交易及關聯交易事項，上市公司需向聯交所提交公告初稿，由其審查並按其意見修改後在報刊或網站上發布，因而能夠較好地避免兩種模式的弊端，具有一定的借鑑參考價值。

（3）臨時報告中的選擇性信息披露監管機制——公平披露規則。臨時報告中有一種特別的情況就是選擇性信息披露（Selective Disclosure）的問題。選擇性信息披露是指當證券發行人的預期利潤、管理決策等事項可能會引起該公司證券價格發生較大變動時，發行人為避免其證券價格過度波動，而將信息有選擇性地披露給一些證券分析師和機構投資者，再由他們做出市場預測和投資建議的行為。從表面上看，這種選擇性的披露有利於證券價格的穩定。但實際

上，這種做法違背了「通過信息的公開化來實現市場參與者的地位和機會平等，進而實現公平、公正的價值目標，從而有利於建立統一、開放的自由競爭的證券市場證券監督的理念」。美國在立法監管該類型的信息披露方面值得各國借鑑。

2000年8月，美國證券交易委員會（SEC）出抬了被世界各國普遍認可的《公平披露規則》（Regulation Fair Disclosure，簡稱 FD），主要針對市場長期存在的選擇性信息披露（Selective Disclosure）的問題進行監管。SEC 認定這種選擇性信息披露將損害投資者對市場公平性的信心。SEC 引用了一些統計資料，這些資料表明當足以影響發行人證券價格的重大事件發生時，在修改消息正式向廣大的投資者公開披露之前，證券價格已經發生了相應的變動，而此變動往往是顯著的。若這些顯著的變動已經發生後投資者才獲得該信息，顯然該證券市場的公正性將受到嚴重的置疑，造成置疑的部分原因就是發行人有選擇地將信息提前披露給部分市場參與者，這些提前得到信息的人完全可以利用其信息優勢進行交易，達到獲利或者避損的目的。

SEC 的公平披露規則的實現機制：臨時性報告中的公平披露實現機制包括披露對象的界定機制、信息性質的界定機制、時間要件的確定機制、責任的界定機制、公正披露的方式及其選擇。

第一，披露對象的界定機制。①接受信息的對象的界定：接受信息的對象包括市場專家和發行人證券的持有人這兩類主體，並且發行人能夠合理預見到這些人會基於這些信息進行交易的情況所做的選擇性信息披露的行為才引起《公平披露規則》下的義務。除此之外，對新聞媒體、證券評級機構、監管者、會計師、律師和發行人在經營活動中的顧客、供應商等進行的有關重大信息的披露不構成歧視性披露的行為即不引起《公平披露規則》下的義務。特別地，該規則做了一個明確的排除規定：如果該信息的獲得人對發行人負有「信任或保密的義務」，或其他明確同意要保密的，發行人向他們所做的披露並不引起《公平披露規則》下的義務。②信息來源的界定：並不是來自任何渠道的信息只要到達上述兩類人的手中，就引起《公平披露規則》下的義務。而是信息來源於代表發行人行事的人的時候才引起《公平披露規則》下的義務。

第二，信息的性質的界定機制。並不是發生在上述兩大主體之間的所有信息交流行為都會引起《公平披露規則》下的義務，只有對「重大的」和「非公開性」的信息進行披露才受到該規則的監管。

對「重大」的界定是：該規則運用了判例法和聯邦法律中建立的「理性

人」的客觀標準，即當一個理性的投資者在做出投資決策時有相當可能性認為該信息是重要的，那麼該信息就具有「重大性」。

對「非公開性」，美國有關司法判例的定義為：若某信息尚沒有以一種投資者可以普遍獲得的方式散布出去的話，該信息為非公開信息。而且即使散布出去，並不立刻就失去其非公開的性質，有關判例認為應該給公眾投資者一個合理時間（reasonable time）來知悉該信息，只有在市場「消化」了該信息後，該信息才具有了公開的性質。

第三，時間要件的確定機制。公平披露規則規定，如果發行人故意地進行選擇披露，就必須同時進行公開披露；如果發行人非故意地進行選擇披露，就必須立即進行公開披露。可見，依照發行人主觀上為故意還是非故意，公開披露的時間要件被區分為「同時」（Simultaneously）和「立即」（Promptly）。

所謂故意選擇披露是指該發行人在披露該信息給證券市場專家或其證券持有人時，知道該信息是重大非公開信息，或雖然不知道該信息為重大非公開信息，但在做出這樣的認定上發行人存在重大過失（reckless）。那麼在這種情況下，發行人應該在做出該披露行為的「同時」向公眾披露該信息，否則即構成違反《公平披露規則》責任的界定中案例部分（對其責任的認定見d）。

而在非故意選擇披露的情形下，其必須將該信息立即進行公開披露。在公平交易規則中，「立即」是指在發行人的高級官員瞭解到選擇披露的事實並且知道（或因重大疏忽而不知道）所披露的信息是重要且非公開之後，在可實施（公開披露行為）的合理範圍內，盡可能地迅速實施。SEC對立即披露的時間性要求是「在可實施的合理範圍內盡可能地迅速實施」。在這裡，「盡可能迅速實施」的具體標準是在立即披露的要求被觸發後的 24 小時之內。

第四，責任的界定機制。在討論是否出抬《公平披露規則》的過程中，最大的一個擔心就是對發行人信息披露可能產生的遏制效果。發行人是否會因為擔心承擔法律責任，而不公布或盡量少地披露信息？尤其是當發行人對要披露的信息是否重大拿不準時，就有可能不披露該信息給市場專家。

SEC 採用了豁免發行人民事責任（private liability）的方式來解決和緩解這個問題。SEC 在規則 10-2 中明確規定，僅對該規則的違反並不被視為是對聯邦證券交易法第 10b-5 條的違反。同樣地，任何私人不能將發行人違反《公平披露規則》作為其民事訴訟（private action）的基礎和訴因。這樣，發行人違反《公平披露規則》的法律責任就被限定為 SEC 對其所採取的行政措施和懲罰（administrative action），比如發布「暫停及停止」（Cease-and-Desist）命令、罰款等。

但上述的內容僅適用於違反公平披露規則時的情況，而絕不會影響內幕交易法或者反詐欺條款下責任構成的要件（這體現了《公平披露規則》《內幕交易法》和《反詐欺條款》的並行性，即《公平披露規則》的責任要件不會影響內幕交易法和反詐欺條款的法律效力）。也就是說，某一行為在違反了《公平披露規則》的同時也違反了《內幕交易法》和《反詐欺條款》的話，違反人應承擔《公平披露規則》的法律責任，同時還要承擔內幕交易法和反詐欺條款產生的責任。

當進行選擇性披露時，發行人會「因重大疏忽而不知道他（她）所披露的信息是重要且非公開的」。按照一般法理，行為人知道當屬一種故意。但對於行為人因重大疏忽而不知道，這是否應算作一種故意呢？美國既往的判例表明，重大疏忽完全符合反詐欺條款的主觀要件要求，是詐欺性行為的責任構成要件之一。既然如此，在《公平披露規則》中，將其確定為故意，使之承擔相對嚴格的時間要件責任符合規範之間的一致性要求。另外，如果發行人在進行選擇披露時對信息的重要性做出了錯誤判斷，那也只能以「理性人」的標準來判定他是否應當承擔責任。如果在當時的情形下，任何一個理性的人都不會做出同種錯誤的判斷，則發行人要承擔違反公平披露的責任。顯而易見，重大疏忽不應當是理性人所為，如果再不按照嚴格一些的時間要件進行公開披露以作補救，那就不符合公平原則。從另一個角度來說，按照美國聯邦法院普遍遵循的做法，如果一個人已經盡到了誠信的努力，那麼通常就不會認為他的行為是重大疏忽造成的。

第五，公正披露的方式及其選擇。關於進行公開披露的方式，規則中規定了兩種：一是填寫或提供 8-K 表；二是其他廣泛的、無排他性的信息公開披露方式或方式的組合如果發行人做不到這兩個中的任一個，仍然會構成對《公平披露規則》的違反。

SEC 的《公平披露規則》產生的影響及其評價：《公平披露規則》的出抬在證券監管和證券法領域具有典型意義。傳統上關於信息披露的證券監管與法律主要包括三部分：一是所謂「強制信息披露」的法律，其法律原理可以簡單地歸納為「當發生某個情況，你必須披露，而且披露內容要真實、準確、完整」；二是所謂「內幕交易」的法律，其法律原理為「你或者披露，或者不」；交易　最後就是「反證券詐欺」的法律，這是一個總括性的法律，其原理為「你如果有詐欺行為，就要承擔法律責任」。新出抬的《公平披露規則》在類型上明顯不同於以上三類，所強調的法律原理是「如果你披露給 A，你也必須披露給 B（責任落到了披露者身上）」。它們之間是不能相互替代和彼此包含

的。尤其是《公平披露規則》直接強調信息獲取在待遇和機會上的公平，這是其他傳統法律設計所沒有或所忽視的。

然而選擇性信息披露中市場專家的定位和作用在發生變化。一方面，隨著信息技術的發展，證券信息完全可以在證券發行人與投資者之間快速傳遞，證券分析專家這個角色的簡單傳遞信息的功能在不斷弱化，幾乎到了可以被省去的地步；另一方面，市場專家又被要求發揮信息的深加工與再處理功能，這個功能的作用或許更具有影響力。兩方面的轉變要求《公平披露規則》注意市場分析專家的定位的轉化。

值得注意的是，該《公平披露規則》並不是對現有內幕交易法律的彌補，而是獨立於內幕交易有關規則之外的一套監管披露行為的規則。因為該《公平披露規則》並不要求一定有交易發生才違反該規則，而是只要所做的披露行為不符合該規則的規定，不論是否有人利用該信息進行了交易，都會構成對《公平披露規則》的違反，從而招致法律責任。所以它的監管側重點比內幕交易監管更「前位」：在信息源頭上設置監測器，而不是一定在非法交易之後才採取處罰行動，而且公平披露規則也並非企圖截斷發行人同市場專家之間的信息傳遞，而是要消除和盡量減小公眾投資者在歧視性披露中的劣勢地位，使他們同市場專家具有盡量同等的信息獲取優勢。

3.2.2.3 其他樣本證券交易所對動態信息披露監管的基本做法

在臨時報告的監管方面，各個交易所都規定了具體的重要性事項信息，並且規定當這些重要性信息發生時上市公司必須給予披露，但除了紐約證券交易所以外其他幾個交易所沒有對選擇性信息披露義務進行規範，即使有也只是一些是十分簡單的規則。例如香港聯合交易所上市規則13.09（1）的註解中進行的簡單規定：

（1）發行人向外界及其顧問以外的人士透露有關數據所採用的方式，不得導致任何人士或任何類別人士在證券交易上處於有利地位。發行人公布有關數據的方式，亦不得導致其證券在本交易所的買賣價格不能反應近期公布的資料。如不違背上述原則，公司可在適當的情況下，以嚴格的保密安排，預先向某些人士透露資料；該等人士包括為簽訂合約或安排融資而進行商談的人士，例如，預期出任為某次證券發行的包銷商或提供貸款的人士。無論在何種情況下，獲得數據的人士在數據尚未公布前，不得買賣發行人的證券。

（2）如正在籌劃可能會對任何上市證券的買賣或價格有重大影響的發展計劃，則董事有直接責任確保該等資料絕對保密，直至其正式公布為止。為此，董事須確保發行人及其顧問均嚴守秘密。如在任何時間發覺必需的保密程

度不能維持，或者秘密可能已經外泄，則須進行公告。如他人向發行人接洽，並可能因此而發出要約，以全面或局部收購發行人的上市證券，則除非有關各方均能保密，否則應刊發一項警告的公告，說明發行人正與有關方面進行商議，並且他人可能因此而發出要約，以收購有關證券。在某些情況下，如無發出警告的公告，則可能會出現虛假市場。如在合併或收購交易（尤其在沒有刊發警告公告的情況下）中，商談已達到某一階段，而受要約的公司已可合理相信將有一項要約，以收購其股份，或當商談或商議範圍有所擴大而涉及不少人士，一般須暫停有關證券的買賣。

（3）發行人可能（因法例的規定或其他原因除外）須向第三者透露數據。該等資料如因此為部分公眾人士所悉，並且可能影響證券的價格，則應同時向市場公布。

（4）由於有關數據可能對發行人上市證券的市價造成影響，所以何時向市場公布該等資料極為重要。首要的原則是，任何可影響證券價格的資料，須於董事會做出決定後立即公布。凡未有遵照此原則者，本交易所可暫停其證券的買賣。

（5）如擬在任何上市證券持有人的會議上公布可能影響發行人證券價格的數據，則應安排在會議舉行的同時或會後立即向市場公布該等資料。

（6）在發行人有需要向其董事、雇員及顧問以外的人士透露有關資料前，應先向公眾人士公開有關資料。發行人在確定有關的董事會會議日期時，應考慮到上述因素；如不能確定適當的日期，董事會或需將其批准權轉授另一委員會，以便在適當時間做出所需公布。

可以看到，與紐約證券交易所相比，中國香港證券交易所關於選擇信息披露的規範存在兩個方面不足。其一，違反選擇性信息披露的規定時的責任劃分不健全；其二，選擇性信息披露和內幕交易行為的界定不明確，即哪種行為是選擇性信息披露的義務，哪種行為是為了進行內幕交易而違反了選擇性信息披露的義務。

3.2.2.4 上市公司信息披露法律責任的比較

法律責任是上市公司信息披露制度中不可以缺少的部分。發達國家或地區的證券市場監管的目標是保護投資者，力求維持公平、公正、公開的市場秩序。對不同性質的信息披露，各國都有不同的法律責任。例如，美國、英國對招股說明書下法律責任和持續披露下的法律責任採取了不同的標準和救濟措施。對招股說明書的民事責任往往採用比較充分的民事救濟措施，而把持續披露的違規處罰交給了交易所。只有在上市公司重大事項披露的違規行為涉及內

幕交易、市場操縱或市場詐欺時，才由證券主管機關（即類似中國的證監會）介入處理。

從全球主要證券交易所來看，上市公司信息披露的法律責任主要有三種：行政責任、刑事責任和民事責任。確定法律責任的依據在各國或地區各有不同。在美國，上市公司信息披露的法律責任主要由《1934 年證券交易法》規定；在英國為《金融服務法》《1995 年證券公開發行規章》及《2006 年公司法》；在日本主要是《證券交易法》《2005 年公司法》；在德國為《德國有價證券交易法》《證券發行說明書法》和《德國證券交易所法案》；在香港地區主要由保障投資者條例、證券條例、公司條例、失實陳述條例、盜竊罪條例規定。

除法律法規和行政規章外，證券交易所的市場規則及（或）其與上市公司簽訂的上市協議中也規定了上市公司違反信息披露規定應負的責任，以及證券交易所可採取的處罰措施。從全球主要市場來看，證券交易所的處罰是上市公司信息披露違規特別是持續性信息披露違規的主體，證券交易所對於上市公司在信息披露中違反上市規則或上市協議時，有包括警告、罰款、行業內通報批評、變更證券交易方式、認定上市公司有關責任人不具備某些執業資格、停市、取消上市資格、報送上級主管機關處理等多種處罰手段，對上市公司具有相當的威懾力和約束力。幾大樣本交易所中，紐約證券交易所和香港聯合交易所對上市公司的處罰行為的規定要寬泛得多。紐約證券交易所對如下行為進行處罰：

（1）違反《1934 年證券交易法》規則或規章的規定。
（2）違反和交易所達成的任何協議。
（3）對交易所進行了重大的虛假陳述。
（4）詐欺行為和欺騙性行動。
（5）具有與公正、公平交易原則相違背的行為。
（6）拒絕或未能按照交易所的要求提供其帳簿和記錄。

處罰的方式有：開除；暫停；對活動、職責、操作的限制，包括對一個或多個股票註冊的暫停或取消等方面；罰款；譴責；其他合適的制裁。

香港聯合交易所對以下行為進行處罰：
（1）自己違反交易所規則或庇護或協助任何其他交易所參與者違反交易所規則。
（2）違反《證券期貨條例》《證券或期貨監察委員會條例》《內幕交易條例》等。

（3）沒有報告或蓄意製造或報告虛假或虛構的交易。
（4）惡意散布虛假和誤導性的不實報告等。
（5）在聽證或調查中拒絕提供所有帳簿和記錄或做假證等。
（6）不滿足財政資源規則的規定或沒有報告該情況的行為。

處罰的方式有：暫停或取消資格，徵收罰款，公開譴責，暫停或撤銷交易所參與者的出市代表、營業代表等的註冊，暫停、撤銷與交易所系統的聯繫等。

3.3　小結

上市公司信息披露的監管是為了解決證券市場信息失靈問題，通過信息的公開與透明消除上市公司、大股東、企業經營管理者與普通中小投資者之間存在的信息不對稱問題。本書從證券交易所對上市公司信息披露的靜態監管和動態監管兩個維度，比較分析了主要證券交易所的具體監管機制與做法。

在靜態監管機制方面，著重介紹了紐約證券交易所的上市公司IPO時信息披露的「櫥櫃式註冊」+「整合披露制度」+預測性信息披露監管機制。在動態監管機制方面，比較分析了不同證券交易所對上市公司上市後的定期報告披露、臨時信息披露的監管要求。在定期報告披露監管方面，詳細比較分析了主要證券交所對上市公司定期報告的時間間隔。在臨時信息披露的監管要求比較中，分別細緻介紹了主要證券交易所對上市公司臨時報告的披露標準、上市公司臨時報告及時性的標準、上市公司臨時報告披露的審核程序、SEC的臨時報告中的選擇性信息披露監管機制（《公平披露規則》）、上市公司信息披露的法律責任等。

4 全球主要證券交易所對上市公司的公司治理的監管比較

4.1 加強對上市公司的公司治理的監管對證券市場市場的意義

公司治理可以分為公司內部治理和公司外部治理。通常，公司內部治理是指按照《公司法》所確定的法人治理結構對公司進行的治理，而公司外部治理是源於債權人（例如銀行）、雇員（公司職工代表）、供應商、消費者、證券交易所等相關者的治理。交易所對公司的治理施加的影響就是屬於外部治理，其目的和意義在於保護投資者利益，形成公開、公平、公正的證券市場秩序。

4.2 全球主要證券交易所對上市公司的公司治理的監管比較分析

全球主要證券交易所對上市公司的公司治理的監管最早是從引進獨立董事開始的，後來發展到對公司審計、公司商業及道德行為規範的要求等多方面，可以說越來越嚴格，越來越完善。由於德國證券交易所為對上市公司的治理結構沒有其他要求，故下文僅對美國紐約證券交易所、英國倫敦證券交易所、中國特別行政區香港聯合交易所、日本東京證券交易所對上市公司的公司資料監管規定進行對比分析。

4.2.1 美國紐約證券交易所對上市公司的公司治理監管規定

安然事件前：美國紐約證券交易所對上市公司的公司治理的規定主要體現

為紐約證券交易所上市公司手冊第 303A 小節。其要點包括：①董事會由有投票權的全體股東選舉產生；②董事會成員至多可以分為三類，一般不分類，如果分類，各類董事的人數應大體相等，任期不超過三年，這是證券交易所批准上市的前提；③普通股股東會議的法定人數應該足夠多，以保證投票具有代表性；④審計委員會至少必須有三名獨立董事，他們與公司沒有利益關係能夠獨立於公司管理層履行其職責；⑤董事會必須通過和批准一個正式和書面的審計委員會章程（議事規則）；⑥公司的外部審計人員最終須對董事會和審計委員會負責。

1956 年紐約證券交易所（NYSE）規定公開上市公司至少必須選任兩位外部董事。1977 年，紐約證券交易所再次要求美國的每家上市公司「在不遲於 1978 年 6 月 30 以前設立並維持一個全部由獨立董事組成的審計委員（Auchit Committee）；這些獨立董事不得與管理層有任何會影響他們作為委員會成員獨立判斷的關係」。獨立董事作為美國上市公司董事會的重要組成部分，便成為一種正式制度被確定下來。

安然事件後：NYSE 進一步加強了對上市公司的治理規定。2002 年 8 月 15 日，NYSE 將修訂後的公司治理標準提交給了 SEC。NYSE 將會在 NYSE 上市公司手冊的第 303A 中把這些變化編入其上市公司治理標準中。此次修訂的目的是增加 NYSE 上市公司的會計責任、完整性和透明度。因為最近頻頻出現大公司由於不謹慎、道德和管理上的失敗而導致的金融崩潰，因此這次修訂的目的是試圖提高公司治理和信息披露標準。此次修訂新增了：①更加強調董事會成員的獨立性，加強了獨立董事的作用和權利；②增加額外的審計委員會資格要求，加強了其監管職能；③上市公司必須建立包括審計委員會在內的聘任委員會、薪酬委員會，以加強公司治理中的制衡機制；④規定上市公司必須制定商業行為和道德守則；⑤規定上市公司務必在其網站上向公眾公告其薪酬委員會、聘任委員會章程，以及其制定的商業行為準則和道德守則，從而可以促進對好的公司治理結構的關注；⑥增強股東對股票薪酬計劃的控制（本質上為投資者提供了更多的參與權）；⑦在 NYSE 掛牌上市的外國私人發行者必須披露其公司治理實踐不同於美國國內公司的重要方式。

2004 年 8 月 3 日，NYSE 通過標準修正案提出了有關上市公司治理的新的監管要求。本次修正案主要是為了解決 2003 年 11 月公告的新上市標準所衍生的問題。新的監管要求主要是：要求上市公司所設置的審計委員會，必須復核年度及其季度報表，並復核公司管理當局討論事項的披露內容，以及修正了部分獨立性的標準。

4.2.2　英國倫敦證券交易所對上市公司的公司治理監管規定

英國倫敦證券交易所在 1991 年專門成立了公司財務治理委員會，要求上市公司必須成立審計委員會、實行獨立董事制度；要求上市公司董事會至少要三名非執行董事，其中的兩名必須是獨立的。該委員會於 1992 年提出了關於上市公司的《最佳行為準則》（The Code of Best Practice），全面規定了上市公司董事會的行為準則，特別強調了要加強董事會中非執行董事和管理層的監管控制。倫敦證券交易所要求上市公司在年度財務報告中披露他們是否遵守了《最佳行為準則》的規定。這可以認為是倫敦證券交易所以間接方式要求上市公司的董事會中應包括獨立董事。

1998 年倫敦證券交易所把《公司治理委員會綜合準則》（Combined Code of the committee on Corporate Governance）補充到其上市規則，要求所有英國上市公司強制性遵守。該準則明確指出內部控制不僅限於財務方面，還要建立健全的內部控制，董事要對內部控制的各個方面進行復核以強調相關控制目標，這些目標包括對企業風險評估和反應、財務管理、遵守法律法規、保護資產安全以及使舞弊風險最小化等方面。

由於 1998 年《公司治理委員會綜合準則》要求公司董事會應建立健全內部控制，但是該準則並未就如何構建「健全的內部控制」提供詳細的指南。1999 年倫敦證券交易所以《內部控制：綜合準則董事指南》作為指導企業構建內部控制的指南。該指南規定，董事應該對內部控制負責，制定正確的內部控制政策。管理層的責任是執行風險控制政策。

4.2.3　中國香港特別行政區香港聯合交易所對上市公司的公司治理監管規定

《香港聯合交易所有限公司證券上市規則》第 3.08 條規定上市公司董事須共同與個別地履行誠信責任及其應有技能，以及謹慎和勤勉行事的責任。3.09 條規定上市公司的每名董事，必須令交易所確信其具有適宜擔任上市公司董事的個性、經驗及品格，並證明其具有足夠的才幹勝任該職務。交易所有可能要求上市公司提供擬擔任董事者的背景、經驗、其他義務、利益和個性的資料。3.10 條規定上市公司的董事會必須包括至少三名獨立董事，其中至少一名獨立董事必須具有適當的專業資格，或具有適當的會計和相關的財務管理專長。3.11 條規定若上市公司獨立董事的人數降到少於 3.10 條所規定的下限時，或當上市公司的獨立董事資格不符合 3.10 條所要求的標準時，必須立刻

通知交易所，並在報刊上刊登公告，公告有關詳情和原因。並在其不符合有關規定的三個月內委任足夠多的獨立董事或一名能符合 3.10 條規定。3.13 條規定了有關獨立董事出任的條件（3.13 條的具體內容詳見《香港聯合交易所有限公司證券上市規則》）。

同時 3.21 條規定上市公司必須建立審核委員會而且該審核委員會必須全部由非執行董事組成，其中至少一名必須符合 3.10 條的規定。且獨立董事要占大多數。同時在 3.22 條中規定上市公司董事會還必須列出審核委員會的書面職權範圍，明確該委員會的權利和職責。

3.24 條規定必須確保任何時候均有一名全責人士，負責監督上市公司及其附屬公司的財務匯報程序及內部監控，遵守上市規則有關財務匯報及其他相關事宜的規則。該人士必須是上市公司的高級管理人員（最好是執行董事），且必須是一名合格的會計師，具有香港會計師工會資深會員或會員資格。該規則還申明不在該交易所上市的公司該規定不適用。

2005 年 1 月 1 日起，新的《企業管治守則》和《企業管治報告》開始實行。該守則主要是給上市公司提供上市最佳行為指南，並不強行要求其必須遵守。

4.2.4　日本東京證券交易所對上市公司的公司治理監管規定

日本東京證券交易所於 2004 年 3 月 11 日發布公司治理標準，鼓勵上市公司遵循該準則。該準則包括五大原則：①保證股東權利，②公平對待股東，③與員工及其利益關係人建立良好關係，④充分的信息披露與透明度，⑤董事會和監察人員的角色。

4.3　全球主要證券交易所對上市公司公司治理監管的評述

從上面的比較可以看出，紐約證券交易所、倫敦證券交易所、中國香港聯合交易所都要求上市公司引入獨立董事制度，並對上市公司獨立董事的任期、數量、獨立性、職業操守行為規範提出了嚴格的要求。獨立董事功能的發揮主要是通過參與董事會下設的各種專門委員會如審計委員會、提名委員會、薪酬委員會來實現的。同時，可以看出德國和日本對上市公司的治理要求或規定不多甚至是空白，這與他們的公司的治理模式和背景有關。

美國、英國、中國香港等國家和地區的公司治理是股東大會—董事會—經

營管理層單一模式，鏈條中的初始環節上便出現了弱化的問題，很難保證董事會及其選擇的管理層能完全站在公司及股東的角度行事。首先，引入獨立、公正、正直的獨立董事，以確保投資者的利益不受侵犯便成為獨立董事制度出現的一個重要原因。其次，完善公司治理。這種單一模式下業務執行機構和監督機構合而為一，董事會既是決策機構，也是監督機構，這兩種職能間不可避免地存在著矛盾和衝突。這樣，引入獨立董事，對董事會和經營管理層進行監控，便成為獨立董事出現的另一原因。最後，強化董事會功能。應該說，公司的治理結構是否健全，治理功能是否完善，在很大程度上取決於是否形成以董事會為核心的完善的治理制衡機制。交易所對上司公司引入獨立董事要求的目的在於從源頭上提高信息披露的質量和信息披露的深度以及效率，提高財務報告的精確性和及時性，進而達到保護投資者的目的，促進證券市場的穩定健康的發展。

德國的公司治理模式是雙層制，即股東大會、監事會、董事會三個機關。監事會和董事會呈垂直的雙層狀態。公司股東大會選舉產生監事會，監事會任命董事會成員，監督董事會執行業務，並在公司利益需要時召集股東會會議。董事會按照法律和章程的規定，負責執行公司業務。德國公司治理有三大特色。

第一，監事會和董事會有上下級之別，監事會為上位機關，董事會是下位機關。監事會有如下的權利（按照《德國股份法》《德國參與決定法》及其他相關法律對監事會的規定）：①董事會的任免權。德國《股份公司法》第84條規定，監事會任命董事會成員，同時任命一名董事為董事會主席。如果董事粗暴地違反董事義務，沒有能力執行業務，或股東大會喪失了對他的信任時，監事會有權撤銷任命和更換董事會主席。②監督權，包括財務監督權和業務監督權。監事會有權檢查公司財務狀況，查閱公司帳簿等財務會計資料，以及委託監事或專家檢查公司財務。監事會可以隨時要求董事會報告公司的重要業務執行情況；董事會有義務定期向監事會報告關於公司的經營方針、營利能力、營業過程、資金週轉、人員事務的狀況和對公司或其子公司十分重要的交易等情況。③特定交易的批准權。雖然《德國股份公司法》將經營決策權賦予了董事會，監事會不得以任何方式插手公司的實際管理，但公司章程可以明確規定，對於某些特定的交易，董事會必須事先得到監事會的批准後才能進行。④特殊情況下的公司代表權。公司的代表權原則上屬於董事會，但在特殊情況下，監事會亦可代表公司，例如，董事與公司之間產生訴訟時；董事有禁止的商業行為時；董事與公司交易時。⑤臨時股東大會的召集權。如果公司利益需

要，監事會有權召集股東大會。

第二，職工參與公司治理，形成了資本（股東代表）和勞動（職工代表）的共同治理的模式。根據《德國參與決定法》規定，監事會中職工代表必須占一定比例。據歐洲政策研究中心的數據表明，在德國最大的 100 家公司中，工會和職工代表在監事會中占據了近 50% 的席位；在次重要的企業中，工會和職工代表在監事會中也占據了近 25% 的席位。

第三，銀行在公司監事會中佔有重要的地位，即銀行通過監事會參與公司治理。

日本公司治理是以法人為中心。即公司間法人之間相互持股形成穩定股東，所有者被架空、經營者行使決議的股權結構。而且銀行和金融機構持股相當大，形成了主銀行的公司治理制度。主銀行一般是指對於某些企業來說在資金籌措和運用等方面容量最大的銀行，並擁有與企業持股、人員派遣等綜合性、長期性、固定性的交易關係。在企業發生財務危機時，主銀行出面組織救援（允許企業延期還本付息或提供緊急融資等措施）；企業重組時，銀行擁有主導權，主銀行還往往是企業最大的債權人和股東，以上這些行為與機構安排上的總和就構成了人們通常所說的主銀行制度。另外，和德國一樣，日本的公司員工也參與公司的治理。日本明文規定，上市公司的信息披露必須遵照《商法》《證券交易法》《稅法》和相關會計準則的要求。由此可見，在德國、日本這種公司治理的模式中，交易所並沒有必要對上市公司的公司治理做出其他要求。

從上面的比較可以看到，不管交易所對上市公司的治理結構進行要求與否，上司公司作為證券市場的主體其治理結構的完善對證券市場的穩定健康的發展起著關鍵性的作用，這是幾大樣本國家和地區的證券市場發展歷程已經證明的事實。

5 全球主要證券交易所對證券市場內幕交易的監管比較

5.1 加強證券市場內幕交易的監管對證券市場市場的意義

在證券市場發展初期，內幕交易並不在法律禁止之列，直到20世紀20年代末，美國證券市場大崩潰後，美國的《1934年證券交易法》才首次用法律形式禁止包括內幕交易在內的各種詐欺行為。之後西方各國紛紛效仿，迄今為止，對證券內幕交易的立法監管已經成為各國證券監管的重點之一。所謂的內幕交易是指：在證券交易中，交易一方擁有對證券有實質影響的非公開的重要信息，而另一方（相對人）沒有這個信息。內幕交易具有以下特點：首先，內幕交易是一種證券投機行為，行為人利用了證券信息公開前與證券價格反應之間的時間差，是一種謀取私利的行為；其次，內幕交易是一種交易詐欺行為，內幕人員在不告知其交易相對人真相的情況下，用並不代表證券實際價格的證券與之進行交易；再次，內幕交易是一種不正當競爭行為，內幕人員利用了本不屬於自己所有的內幕信息，以不當利用公司職務或工作便利為條件，實質上剝奪了普通投資者平等獲得信息的機會；最後，內幕交易是一種損害社會公共利益的行為，損害了證券市場的運行效率，造成市場運行成本的增加，打擊了投資者的信心，危害了證券市場的安全。為此各國的證券交易管理，都將這種行為列為禁止交易行為之一。

5.2 全球主要證券交易所監管證券市場上市公司內幕交易的比較

實現對內幕交易的有效監管主要依靠證券監管機構的監管能力和監管效

率，這要取決於證券市場法律法規的完善程度、監管提示的健全程度和證券市場監管技術的發達程度以及證券監管人員的專業素質和道德素質。我們可以看到，不管是英國還是美國以及德國的證券交易所，它們對內幕交易的監管都有一套完備的法律法規體系以及相應的先進的市場監管技術（監管的技術這裡指對交易活動進行即時動態監控和事後統計分析和監控的技術手段）。

5.2.1 紐約證券交易所和德國證券交易所的上市公司內幕交易體系的功能比較

從圖5.1、圖5.2中可以看到，紐約證券交易所和德國證券交易所監管體系對上市公司內幕交易起著一線監管的基礎性作用。它是實現對上市公司的即時監管和監管技術的實現層，在監管過程中起著關鍵性作用。兩所交易所在監管體系中的差別只是具體實現監管的技術不同，但其最終的目的都是一樣的：即時監管發現證券市場的異常行為，即監管源頭。交易所作為內幕交易監管的技術實現層，對於證券主管部門或司法部門實現對整個證券市場的監管起著關鍵作用；同時我們也要看到，有了良好的監管技術硬環境還不夠，必須和其法律法規的所構成的軟環境相結合，才能更好實現其監管的效率和能力。

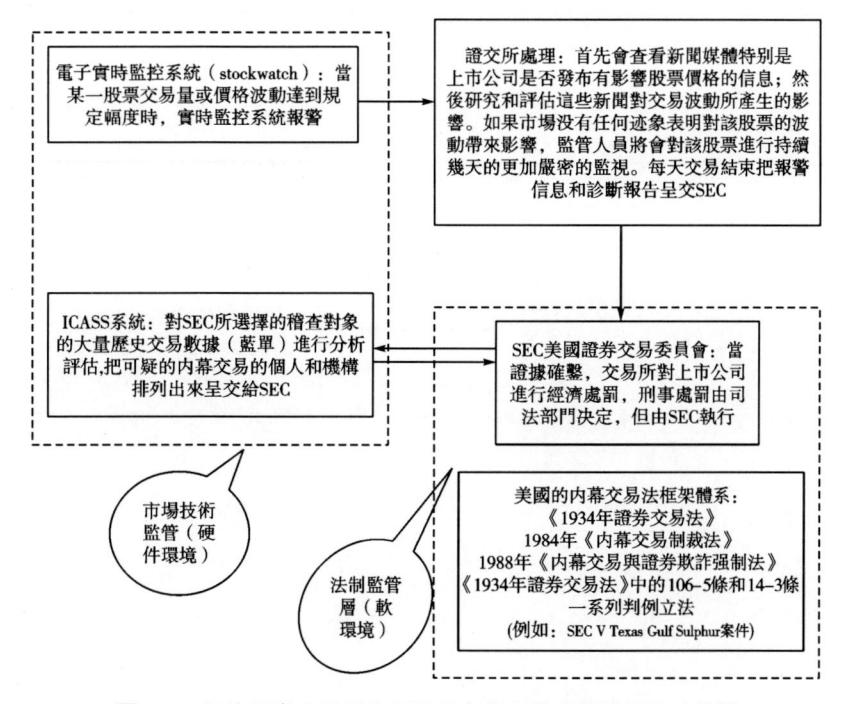

圖5.1　紐約證券交易所上市公司內幕交易監管體系及功能圖

從流程圖 5.1、圖 5.2 中可以看到，兩家證券主管部門的監管的區別主要在於：一是美國 SEC 在監管中的權限比德國的 BAFin 大得多。《德國有價證券交易法》的 40a 條規定如果要將有關內幕交易的活動引入司法程序，BAFin 只能將使犯罪嫌疑成立的事實通知主管的檢察機關，通過檢查機關來推動司法程序，德國公共檢察機關是唯一能向法院起訴的部門。然而美國證監會 SEC 具有至高無上的權力。在美國，證監會可以直接發傳票，可以傳召任何人與任何物，而且任何單位及個人都不能拒絕，包括美國總統在內。此外，美國證監會還可以提起公訴，上至刑法，都是為了切實保護老百姓的利益。美國其監管機制之嚴格在這裡可見一斑。二是從實現內幕監管的處理過程來看，德國有其獨到之處，即控制、預防內幕交易行為過程程序化——司法程序和行政程序。如前所述，BAFin 沒有起訴的權力，它只是行政機關，具有行政權力不具有司法權力。但《德國有價證券交易法》的 40a 條同時規定當案件進入司法程序時，司法機關應將案件的相關情況通知 BAFin，使其具有對該案件的知悉權。這樣就使得行政機關和司法機關之間的互動由法律設定和保障，不僅各自程序有定，而且程序間的連接亦呈法律化。

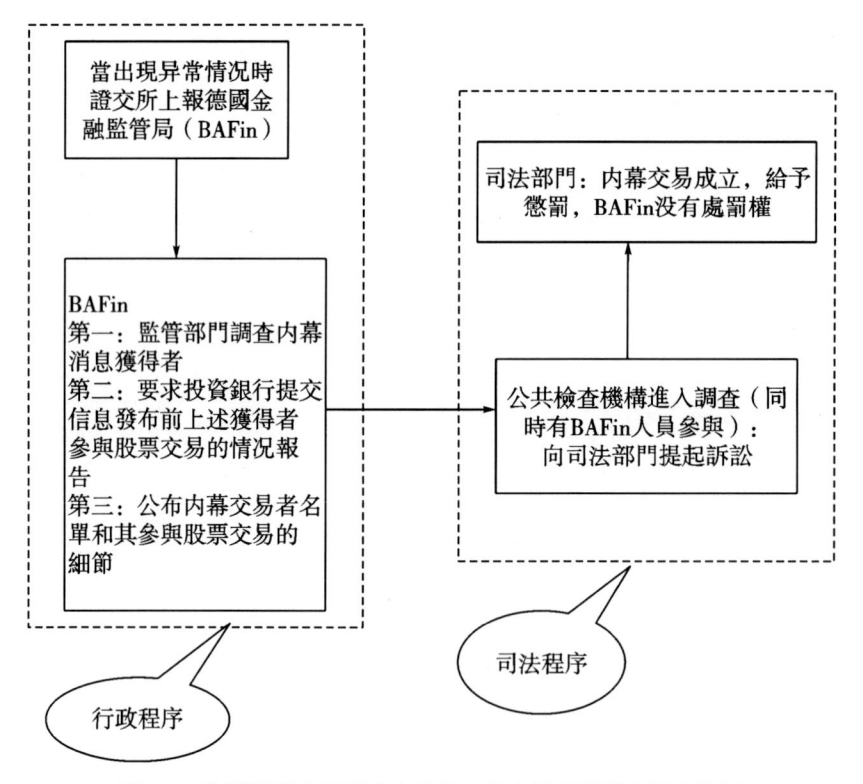

圖 5.2　德國證券交易所上市公司內幕交易監管體系及功能圖

5.2.2　全球主要證券交易所對證券市場內幕交易人界定的比較

對內幕交易人的確定是監管內幕交易的關鍵，也直接關係到監管成效。現將樣本交易所對內幕交易人的界定進行比較（如表5.1所示）。

表 5.1　　　　　　　　交易所對內幕交易人的界定

交易所	第一內幕交易人	第二內幕交易人	持有內幕信息的推定主體
紐約證券交易所	公司董事、經理、高級管理人員和控股股東（持有股份10%）等（公司內幕人：corporate insider）；證券承銷商、經紀商、律師和會計師等（臨時內幕人：temporary insider）	直接或者間接獲得內幕信息的除第一內幕人外的其他人	案例法中推定，但要以特定義務的存在為前提
東京證券交易所	董事、監事、高級管理人員；持有公司股份10%以上的股東；與公司發生業務關係的政府官員等。	任何與公司業務直接發生關係的並從該公司內幕人處得知內幕信息的人員	明確規定不能實行推定要確定內幕交易人
德國證券交易所	作為業務執行機構或監督機構的成員；作為發行商的或與發行商相關聯的企業股東；因在發行商或發行商相關聯的企業資本中參股而獲得內幕信息的人；因職業或工作或因任務而獲得內幕信息的人員	在發行商或與發行商相關聯的企業的資本中參股的人員；因職業、工作或任務而依照規定得知未公開的、與一個或數個內幕人證券的發行商相關或與內幕人證券相關的事實的人員	沒有明確規定
倫敦證券交易所	公司董事、公司的雇員和官員；會計師、審計師、律師、投資銀行家；正在參與收購策劃或者已經參與收購人的收購策劃的當事人；公務員包括皇家公務員；指定機構、主管機構、受讓機構的成員官員或者資源；自律機構、註冊投資交易所或者清算機構	因義務關係直接或間接從第一交易人處獲得內幕信息的人員	沒有明確規定
中國香港證券交易所	董事、監事、高級管理人員；占其總股本10%及以上的股東；有聯繫的人的配偶、兄弟、姐妹、父母、繼父母、子女或繼子女；擔任董事的機構	因義務關係可能從第一內幕人那裡或間接獲得內幕信息的一切人員	沒有規定

根據表 5.1，各國涵蓋內幕交易人的範圍各有不同，其中美國的範圍最廣也最為仔細，這與美國司法的判例法有關。可以看到各國都把上市公司的行政管理機構、經營機構和監督機構的成員，及因持有股份而獲得內幕信息的人，包括董事、股東、證監會管理人員、公司一般職工等，以及對由於與上市公司存在商業或服務以及公務等關係得以知悉公司內部信息的人，如律師、會計師、銀行、證券商、公務人員等界定為第一內幕人，表現出驚人的一致。但對直接或間接從公司內部人或以上人員處獲得內部信息的人，如上述人員的配偶、子女及利用他人名義的持有者，從其他渠道獲得內幕信息的人的界定卻有所不同。這是由於各國立法、判例對此有不同理解。例如，中國香港地區《證券內幕交易條例》規定，公認配偶、與該人同居儼如配偶的人、兄弟、姐妹、（繼）父母、子女（親生或領養）、（繼）子女等，以及同內幕人有關聯的機構界定為第一內幕人。這裡的關聯並非要求在發生內幕交易時存在，只要在內幕交易前 6 個月內存在就可以。只有美國在判例法中形成了持有內幕信息的推定主體，例如，在查萊案中美國上訴法院裁定，那些利用盜用的信息進行交易的人員都可以構成內幕交易犯罪的主體。

5.2.3　全球主要證券交易所對證券市場內幕交易行為的界定比較

根據表 5.2，樣本國家對內幕交易行為的內容不僅包括最一般的形態，即知悉內幕信息的人從事相關證券的交易的行為，同時包括非履行職責過程中向他人洩露內幕信息和根據內幕信息建議他人進行相關證券交易的行為。從表 5.2 中可以看出兩者的區別主要在於美國、日本對短線交易行為另行立法限制。因此有些學者將美國、日本所界定的內幕交易行為稱為廣義的內幕交易行為，英國、德國的稱之為狹義內幕交易行為。所謂短線交易，是指發行公司內部人在法定期間內（一般為 6 個月），對公司股票買進賣出或賣出後再買進的行為。這種由於短線交易獲得的利益稱為「短線利益」，歸公司所有。發行公司可對短線利益行使歸入權，法學上稱為公司的歸入權。法律規制歸入權的目的，在於實現公司利益最大化，確保公司利益不受來自於公司內部管理層及其大股東的侵害。美國對公司董事、監事、經理及大股東（美國是發行股份超過 10%的股東）等內部人短線交易的法律約束，源自美國《證券交易法》第 16 條（b）項，由於實踐中證明內部人利用內幕信息交易股票具有相當難度，在無法舉證的情況下，不能追究交易人的責任，這大大影響了內幕交易相關法律法規的實際效力。對短線交易進行限制立法就是為了解決這種困境。該制度是一種事前防範機制，採用了無過錯歸責原則，巧妙地避開了在指控中取證難

的問題。它假定公司內部人都會利用內幕信息進行投機性交易以牟利，只要其具有公司內部人的身分，就有濫用內幕信息的可能。因此在法定的期間，進行本公司證券交易，不管其是否存在內幕交易，也不管該交易是否存在濫用內幕信息，都一律視為不正當交易，要對其交易所得進行強行剝奪歸公司所有。對短線交易進行限制立法是極其經驗式的，它用非常客觀的方式來限制內幕信息的使用。從這個意義上說它是反內幕交易立法的一個組成部分。日本《證券交易法》頒布的第189條也仿效美國制定了有關短線交易的法律條款。英國、德國沒對短線交易另行立法，因而同其他交易行為一樣採用過錯歸責原則（主觀上知道其利用了內幕信息但是必須取證證明）。因此，理論上對短線交易另行立法與否對行為人主觀過錯的刑事證明要求不同，本質上沒有區別。但在實踐上的區別是前者在實踐中操作更加容易，提升了內幕交易法的實際效力。

表 5.2　　　　　　　　　內幕交易行為的界定比較表

國家	內幕交易行為界定
美國	採用「義務」原則①。行為人知悉公司內幕信息且從事證券交易或其他有償轉讓行為；洩露內幕信息或建議他人買賣證券的行為，以及短線交易（short-swing trading）行為
日本	一是公司內幕人利用未公開的內幕信息進行有關證券的買賣行為，二是收購要約人內幕人利用未公開的有關收購要約信息買賣證券的行為，三是短線交易行為
英國	內幕人利用內幕信息進行買賣的行為，在內幕信息的基礎上為第三人提供諮詢或推薦行為，傳播內幕信息的行為
德國	利用其所得知的內幕信息以自營或委託他人或代為他人購買或轉讓內幕證券的行為，未經授權將內幕信息告知他人的行為，基於所知的內幕信息建議他人購買或轉讓內幕證券的行為

美國對短線交易的規制②的具體機制如下：

---

① 所謂「義務」原則：除非內幕信息持有者事先負有披露信息或不進行交易的義務，則其交易不違背 rule10b-5，不在內幕交易的禁止之列。也就是說，美國證券法並不絕對禁止內幕交易，只是禁止負有特定義務的人進行交易。這是美國內幕交易法律制度的基本特徵。
② 美國對短線交易的規制是通過《1934年證券交易法》第16條來實現的。但在實踐中該規制產生了諸多複雜問題。例如：當公司董事或經理辭職後從事證券交易的行為；如果持股10%以上的股東（該股東不是董事或經理）在法定期限（6個月內）將其股票賣出到其所持份額少於10%後，再從事交易，其責任該如何界定。

（1）歸入權的行使主體和對象的規定。美國《1934年證券交易法》第16條（b）項規定：由發行人依法向管轄法院以訴訟方式行使，或由該發行人的股東，於發行人請求後60天內，該發行人未能或拒絕提出訴訟，或發行人不願意積極追訴時，以發行人的名義向法院請求。美國《1933年證券法》規定公司董事、高級管理人員和受益所有人為歸入權行使的對象，《1933年證券法》將受益人定義為直接或間接通過合同、安排、備忘錄、某種關係或其他方式對所涉證券擁有或分享直接或間接金錢利益的任何人，其中包括內幕人的配偶、未成年子女所持有的股份。

（2）短線利益的計算方式。短線利益的計算是十分複雜的，涉及買賣利益、利息、股息及其他費用等。因此美國在司法判例中形成了多種計算方式①，其中最常用的是最高賣價減最低買價法②：該方法的計算公式為，將法定期限內所有買入各筆股票和賣出各筆股票分別列出，將所有交易中最低買進價與最高賣出價配對，然後將次低買進價與次高賣出價依次配對，直到買入和賣出的全部股票全部相配，配對後計算每一對交易的盈虧，差額為零或負數時不計算利息，盈則記為短線交易，退賠公司所有。其利息的計算時間，一般是自利息發生時開始計算。而對於除息前買進，除息後賣出所獲得的股息，一般是計入利息之內，但在行使歸入權時應該從中扣除所支出的經濟商佣金、稅金，只計取實際發生的費用。

5.2.4 全球主要證券交易所對證券市場內幕交易行為的處罰措施比較

由於內幕交易是一種對一般投資者、上市公司、證券市場乃至整個社會經濟生活都有嚴重危害的行為，為此，各國法律都規定了相應的處罰措施，其責任形式主要有行政責任、刑事責任和民事責任。

表5.3表明美國、英國對內幕交易的監管是公法和私法並用，日本、德國主要是公法，即只有行政責任和刑事責任。可以看到，幾個國家訂立刑法責任是對付內幕交易的一種重要執法手段。英美兩國的法律不僅規定了對內幕交易的刑事處罰，還明確規定了私法的救濟手段，即內幕交易的受害者可以通過民事訴訟要求內幕交易人進行損害賠償。從國際司法實踐來看，雖然課以相當多的十分嚴厲的內幕交易刑事責任，例如，美國對個人的內幕交易最高的罰金為100萬美元，對法人為250萬美元；對內幕交易行為人最高可判監禁10年。英

---

① 如股票同一鑒定法、先進先出法、平均成本法等。
② 該方法被認為是最能體現立法精神，科學計算歸入利益的最佳方法。

國則是處以無上限罰款和 7 年以下監禁。但是刑法不是管制內幕交易的十分有效的手段。例如，英國從 1980 年到 1994 年，有 33 件有關內幕交易的案件，但只有 8 件中的被告被判有罪。這 33 件案件涉及 52 個人，只有 24 個人被判有罪，其中只有一人被處以監禁。造成這一現象的原因是：一方面，刑事調查涉及幾個政府部門和非政府組織，工作效率往往不高，況且有關金融犯罪的案件比較複雜，被告往往有強大的財政後盾和辯護團隊支持 ；另一方面，刑法本身的特點決定了它不是對付金融犯罪特別是內幕交易的有效工具。舉證的困難也使得刑法在對內幕交易的監管中不是很有效力。在英、美等國的刑事訴訟中，舉證責任完全在公訴方肩上，而且公訴方提供的指控被告有罪的證據的可信程度必須高於一般的合理性懷疑。行政責任是主管機關發揮監管職能的結果。由於主管機關人力、物力、財力有限，其發現、調查和追究內幕交易的能力也相應地受到了限制。與刑事責任和行政責任相比，內幕交易的民事責任應該是規制內幕交易最好的手段。這是因為，證券交易屬於投資行為，投資者關心的是資本增值。追究內幕交易的刑事責任固然能發揮其教育和預防功能。但是對受害人而言這不過是心理安慰罷了，能夠撫平其經濟創傷的只能是民事賠償。從民事責任的功能來看，它是一項同時具有補償和懲罰的雙重功能制度。補救功能是對受害人而言，其通過恢復受害人的財產狀況和受到坑害的權利，維護投資者對證券市場的信心。畢竟內幕交易給受害人造成的是財產損失。從某種意義上講，追究內幕交易者的行政和刑事責任對受害人而言幾乎沒有司法救濟。懲戒功能是對內幕人而言，在規制內幕交易過程中，運用民事責任「取回」內幕交易人的不義之財的同時亦是對獲利為動機的內幕交易行為的有效懲戒。一方面，由於個人利益的驅動，投資者更加願意找出違法者，違法者被追究責任的可能性大大增加；另一方面，私人訴訟較之公訴舉證責任要輕，違反者是很難逃脫的。這樣懲罰的不可逃脫性要比其嚴厲性更能有效防止違法行為。在各國證券市場發展過程中，內幕交易行為屢屢發生，但最終受到懲罰的卻是很少，這不能不說與各國證券法長期以來缺乏足夠的民事責任規範有著密切的關係。內幕交易的民事責任雙重性功能機制的發揮的直接結果就是證券法立法宗旨的實現，借助補救性，受害人可以依據民事責任賦予的權利直接提起訴訟，受害人在這一過程中，就會自願協助政府管理證券市場，這有助於將個人權利轉化為證券法的法律效力。

因此，對內幕交易民事責任進行立法成為現在各個國家監管內幕交易的主要取向，但是這種責任機制的建立是十分困難和複雜的。這也是現在各國內幕交易民事責任機制欠缺的原因。這種複雜性和困難性表現在以下八方面：

（1）原告資格的確定。原告，即內幕交易中的受害人，由於證券交易參與者眾多，買賣頗為頻繁，證券轉手率很高，很難確定內幕交易的真正受害人。這裡的所有受害人包括與內幕交易者從事相反交易而受到損失的投資者，以及與內幕交易者從事相同交易而遭受損失，主要包括高價位買進而被套牢的投資者。而且是不是所有受害人都享有損害賠償權，學術界和司法界內沒有統一的結論。

（2）內幕交易中因果關係的認定。內幕交易中的因果關係的認定與通常民法的要求不同。普通民法要求受害人必須證明其所受損害與行為人違法行為之間存在因果關係。在內幕交易中，要求受害人證明因果關係的成立，除直接和內幕交易者進行證券買賣的相反交易受害人能夠舉證外，其他受害人舉證極其困難。

（3）損失的確定。證券交易價格受到各種因素的影響而瞬息萬變。從理論上講，民事賠償數額範圍應為內幕交易的價格和交易當時的實際價格的差額。但是確定證券在某一點的實際價值是十分困難的。同時，在確定賠償範圍時務必要保持救濟原告的同時不給被告帶來過於嚴厲的責任，尤其是原告人數十分龐大時，否則有失法律的公平宗旨。另外，在計算賠償時還要考慮交易費稅的支出、該項投資的利息等。這些困難在實現對內幕有效的監管時是不容迴避的，因此，內幕交易的民事責任已日漸受到一些國家立法司法實踐的重視。美國對內幕交易民事責任機制的建立是走在最前沿的。

表 5.3　　　　　　　　　　　內幕交易行為處罰措施比較

國家		處罰措施
美國	行政責任	美國證券交易委員會（SEC）對行為人的三種行政處罰：（1）請求法院對行為人發布禁止行為人繼續進行違反證券法活動的法令；（2）沒收行為人違法所得，並進行行政罰款；（3）禁止行為人擔任上市公司董事或高級職員，吊銷證券商業從業資格
	刑事責任	1988 年美國《證券內幕交易詐欺強制法》規定：對個人的內幕交易的最高罰金為 100 萬美元，對法人為 250 萬美元；對內幕交易行為人最高可判監禁 10 年①
	民事責任	1988 年美國《證券內幕交易詐欺強制法》規定了明確的條款對違反規則 10b-5 的內幕交易行為，可要求民事賠償 《1934 年證券交易法》新增加的第 20A（a）章允許任何個人對與其同時交易相同證券並違反該法的交易者採取法律行為，要求民事賠償

---

①　此處罰年限在世界各國法律規定中是最高的。

表5.3(續)

國家		處罰措施
英國	行政處罰	具有行政責任
	刑事處罰	1993年英國《刑法》規定對內幕交易人的處罰如下：對輕微犯罪（即由Magistrate's court—治安法庭處理的案件），處以5,000鎊以下罰款或6個月以下監禁，或並處罰款和監禁；對嚴重犯罪（即由皇家法庭處理的案件），處以無上限罰款和7年以下監禁，或並處罰款和監禁。 1995年英國《刑事訴訟法》規定法庭還可下令沒收內幕交易的非法所得。
	民事責任	1986年的《金融服務法》允許作為內幕交易受害人的自然人採取法律行動。在管理規定3（c）中還允許非自然人也可根據修改後的第62章採取法律行動①
日本	行政責任	具有行政責任
	刑事責任	1988年《證券交易法》修改後，將內幕交易作為受刑事處罰的行為 1997年《證券交易法》第166條1項或3項，167條1項或3項規定違法者將被處以3年以下的徒刑或300萬日元以下的罰金或二者並處 （註：上述規定較之《證券交易法》157條規定的違反禁止不正當交易的行為及159條規定的違反禁止操縱市場等的行為，被處以5年以下徒刑，或500萬日元以下罰金，量刑規定得輕） 《證券交易法》第207條規定②，法人的代表或自然人的代理人、從業人員等，實施了與該法人的業務或財產有關違法行為時，除行為人之外，對有關法人或自然人也同樣處以1億日元以下罰款
	民事責任	沒有建立內幕交易的民事賠償制度
德國	行政責任	BAFin只有對違反證券法的行為（包括內幕交易行為）發布行政命令
	刑事責任	德國刑法對內幕交易的處罰最高可處以5年監禁和相關罰金
	民事責任	沒有明文規定股東提起內幕交易的私人訴訟③

---

① 這具有很重要的意義，因為非自然人往往具有更大的財政實力，能得到更多的相關的信息，更容易對內幕交易人採取法律行動。

② 這是被稱之為「兩罰規定」的內容，是日本法律中獨有的一項規則。該規則對於督促法人和自然人對其雇員加強監督，以減少犯罪具有重要意義。

③ 在德國雖然沒有明文規定股東提起內幕交易的私人訴訟，但是實踐中已有法院受理私人提起的內幕交易損害賠償訴訟。

5.2.5　美國對證券市場內幕交易民事責任的機制

(1) 在內幕交易原告（受害人的範圍）資格認定中形成了「同期交易」原則，即在證券市場中與內部人同期從事同類證券相反交易的善意投資者都可以提起訴訟。

(2) 內幕交易因果關係的界定。

內幕交易因果關係的界定採用事實上的因果關係，即只要證明內幕交易者未披露內幕交易信息，法律就應當推定因果關係的成立。這避免了內幕交易中原告舉證困難。對證券交易委員會已經打贏的官司，該案件中的內幕交易的受害者可利用該判決來為自己的訴訟提供證明，即他無須再證明被告存在違法行為（因為證券交易委員會已經證明），同時如果他能證明與內幕交易人在同一時間進行證券交易的話，則可以證明其損失與內幕交易人的行為存在因果關係。也就是說與內幕交易人同時交易同樣證券的人可被認為是「替身原告」。

(3) 在損害的確定方面。

①對被告內幕交易非法所得的「取回」採用了最高限額做法，即對被告承擔賠償責任限定在被告獲利總額的範圍內。《1934 年證券交易法》第 20 條 A 規定原告尋求的損失賠償總額不得超過被告違法交易行為所得的收益或避免的損失。同時該損害賠償中要減去證券交易委員會已追繳的盈利。

②原告的實際損失計算方法。美國證券交易法第 28 條（a）規定：任何人根據本章規定，通過一起或數起訴訟對同一行為所獲得的損害賠償總額，不得超過其實際造遭受的損失。美國司法實踐對原告的實際損失主要有以下計算方法：

一是淨差額法。該方法是指原告交易的價格與內幕交易行為未發生情況下原告應該得到的公平價格或真實價格之間的差額。

二是差價計算法。該方法是為了避免確定公平價格的困難，而改用非公開信息公開後該股票的市價來代替 。1995 年《私人證券訴訟改革法》的 101 條（b）規定：原告所得的損害賠償不得超過其買入價或賣出價和自改正誤導性陳述或遺漏的信息公開後 90 天內該證券的平均價之間的差額。但如果原告在 90 天內將買入的股票拋出或再買入股票，則所得的損害賠償不得超過其買入和自改正誤導性陳述或遺漏的信息公開後至其將買入的股票拋出或再買入股票這段時間內該證券的平均價之間的差額。

三是補救法。該方法要求原告有義務在信息公開後的合理時間內，通過開展相反的交易來減輕其損失。

四是恢復法。該方法是指通過給予原告的損害賠償使原告能恢復到開展證券交易前的狀態。

從上4種方法可以看到美國對內幕交易的民事救濟賠償機制採取的是一種「不足額賠償」方式。它的合理之處在於：

①對於不知情的投資者來說，如果知悉該內幕信息，那麼理性的投資者可能會推遲交易或不交易，因此在內幕交易中，理應賠償其知悉內幕信息或信息公開後其持有的股票市價與原來價格差價損失。

②但是該損失補償不得超過違法行為人因從事內幕交易而獲得的利益。因為，錯位善意投資者可以在早些時候賣出證券，而不是拖延到當事方都獲悉該信息的時候再賣出。這可以看出該民事責任機制的公平，既未偏袒投資者，也不縱容違法者。

從上面的分析可以看到美國對內幕交易民事責任規定十分詳細，為保護投資者的合法權益提供了強有力的保障。

從表5.3中可以看到日本沒有建立內幕交易的民事賠償制度，這也是日本為什麼被稱為「內幕交易的天國」的原因之一。據有關統計，1988—1998年的10年間，日本只處罰了11起內幕交易案件。其數目不夠多，其處罰的內容也多為罰款或者是有期徒刑的緩期執行。只是在1999年的東亞鋼鐵股票案件的一審判決中才對於丸紅常務董事處以有期徒刑1年的實刑。這樣的數量對於可能發生的內幕交易的事件相比自然是小得多，這充分反應了發現內幕交易和舉證的困難，以及建立內幕交易民事責任的必要性。但是日本在內幕交易監管中獨特的自我監管體系是值得一提的。這一體系包括：日本證券業協會制定了《有關協會會員的投資勸誘、顧客管理等規則》《關於防止內幕交易之原則》，各證券公司都在此基礎上制定了公司內部規則，完善了自我監管體制；證券交易所為了防止內幕交易，也進行日常買賣管理，一旦發現可疑的交易時，提醒進行該交易的會員注意，要求其報告情況（東京證券交易所《有關有價證券買賣交易等的審查規則》第3條2號、4條4號、5條1項和2項）。另外，對上市公司規定了披露有關重要事實的義務（東京證券交易所《上市有價證券的發行者的通行等有關規則》），且關於該重要事實的內容、披露時期等，較之《證券交易法》的規定更為嚴格。可見，在加強防範內幕交易的自我監督方面，日本是操作最為嚴格的國家之一。

5.3　全球主要證券交易所對證券市場內幕交易的監管評述

對內幕交易的有效監管要依靠證券監管機構的監管能力和監管效率，這又取決於證券市場法律法規的完善程度、監管機制的健全程度和證券市場監管技術的發達程度以及證券監管人員的專業素質與道德素質。發達國家（美國、英國、德國等）對內幕交易監管都有一套完備的法律法規體系以及相應的先進的市場監管技術（監管的技術這裡指對交易活動進行即時動態監控和事後統計分析和監控的技術手段）。證券交易所對上市公司內幕交易起著一線監管的基礎性作用。它是實現對上市公司的即時監管和監管技術的實現層，在監管過程中起著關鍵性作用。

在界定內幕交易人時，發達證券市場都把任何作為上市公司的行政管理機構、經營機構和監督機構的成員獲得內幕信息及因持有股份而獲得內幕信息的人，包括董事、股東、證監會管理人員、公司一般職工等，以及對由於與上市公司存在商業或服務關係，以及公務等關係得以知悉公司內部信息的人，如律師、會計師、銀行、證券商、公務人員等界定為第一內幕人。但對直接或間接在公司內部人或以上人員處獲得內部信息的人，如上述人員的配偶、子女及利用他人名義的持有者，從其他渠道獲得內幕信息的人的界定卻有所不同。香港聯合證券交易所將其定義為第一內幕人。其他樣本證券交易所將其納入第二內幕人範疇。

在界定內幕交易行為時，樣本國家對內幕交易行為的內容不僅包括最一般的形態，即知悉內幕信息的人從事相關證券的交易的行為，同時包括非履行職責過程中向他人洩露內幕信息和根據內幕信息建議他人進行相關證券交易的行為。美國、日本交易所還對短線交易單獨立法限制。

對內幕交易行為處罰方面，美國、英國對內幕交易的監管是公法和私法並用，日本、德國主要是公法，即只有行政責任和刑事責任。刑法責任是對付內幕交易的一種重要執法手段。英美兩國的法律不僅規定了對內幕交易的刑事處罰，還明確規定了司法的救濟手段，即內幕交易的受害者可以通過民事訴訟要求內幕交易人進行損害賠償。但是行政處罰和刑事處罰並不是管制內幕交易的十分有效的手段。與刑事責任和行政責任相比，內幕交易的民事責任應該是規制內幕交易最好的手段。

6 全球主要證券交易所監管上市公司兼併收購的比較

6.1 證券交易所監管上市公司兼併收購的意義

證券市場上存在廣泛的公司間股份的收購，這可以認為是證券市場上的一個基本特徵，而在收購過程中，出價方（買方）出價購買目標公司股東的股份，出價方和目標公司雙方在操作手法上存在廣闊的空間。這些手法包括：競價過程中有選擇性地發布消息，和目標公司的大股東而不是和小股東達成特殊交易，在出價方和目標公司中造成一種虛假的市場，內幕交易，不讓目標公司股東有接受公平叫價的機會。這樣一來，目標公司的股東，特別是大批的小股東，成為「劇烈活動」的犧牲品。同時如果出價過程非同尋常地延長了，就會使得目標公司不能管理好公司，這樣一種局面對目標公司的管理者、職員、股東、消費者以及供貨商而言，都是一種傷害和損失。加強對上市公司收購過程的監管，一方面有利於保護大批小股東的合法利益；另一方面也有利於維持證券市場的穩定、有效和公平、公正，有利於形成規範的有效市場，充分發揮證券市場的功能。

6.2 全球主要證券交易所對上市公司兼併收購的監管體系比較分析

6.2.1 英國倫敦證券交易所對上市公司兼併收購的監管體系

英國對兼併收購的監管主要由「接收和兼併倫敦專責小組」（簡稱專責小

組)及其制定的法規條文實現。《接收與兼併倫敦法則》(以下簡稱《法則》)主要涉及對公共公司的競價收購,而對私人公司的競價收購,則受 1989 年頒布的《英國公司法》的監管。

6.2.1.1 接收和兼併倫敦專責小組

接收專責小組是由英格蘭銀行發起成立的。它主要關注某些市場「操縱」行為以及叫價方和目標公司管理中的操縱活動。該小組於 1968 年成立,作為一個自律性和非法定的機構,至今保留其特色。該機構旨在對接收情況提供快速反應,以保證公司所有權在證券市場得到公正有序的轉讓,其機構行為的哲學思想是讓接收活動做得最好,而不只是接受某些指導。這一思想貫穿於《法則》的 10 條總則和 38 條規則之中。

專責小組的成員由如下機構提名:英格蘭銀行、投資機構的代表、銀行、自律性組織、會計師和產業界。專責小組的組長和兩名副組長均由英格蘭銀行提名,專責小組的執委會由英格蘭銀行董事長領導,其執行委員一般由商業銀行的第二把手兼任,專責小組的職員包括該小組的固定雇員,以及從倫敦市行業協會以及英格蘭銀行調來的成員。

專責小組的日常工作由小組的執行委員來主持處理。執委會做出的決定和解釋,在專責小組全體成員通過前,可以受到質疑。專責小組還有上訴權,可向申訴委員會提出上訴。

儘管專責小組沒有從《法則》中衍生出行政管理權,但它的作用已得到公認。它對接收案件的裁決權,已得到法庭和其他自律性組織如證券交易所的支持。在 1986 年著名的達塔芬案(Datafin Case)中,兩家競爭對手競價接收 McMorquodale,達塔芬公司向專責小組的監管提出挑戰。上訴法庭認為,專責小組的訴訟有待於法庭復審,復審的焦點就是保證專責小組依法執法、公正執法。這種做法是為了保證競價接收正在進行時,防止向專責小組發動精心策劃的訴訟。法院的這一立場,在此後 1988 年和 1992 年的案件中,再次得到證實。

專責小組的權威得到英國政府的承認,也受到《金融服務法》約束的法定機構的承認。專責小組可以從貿易產業部得到信息,而這些信息是貿易產業部在調查中得來的,可以用來進行裁決。這兩個部門的合作關係,可以從

1988年吉尼斯案中得到例證①。

6.2.1.2 《接收與兼併倫敦法則》

《法則》主要用於監管競價行為，保證接收過程中股民受到公平對待。該法不涉及有關接收的財務或業務上的優勢和劣勢，也不涉及競爭和其他公共政策問題，後者屬於政府的職權範圍。該法體現了包括接收者在內的專業人士的集體觀點，這些觀點包括有關好的業務標準，以及如何使股東得到公正待遇等問題。進一步說，該法試圖在出價方（買方）和要價方（目標公司）之間取得一種公正的平衡。該法對英國歸屬的公共公司（包括上市公司和非上市公司），以及某些合法的已註冊的私人公司的競價接收享有管轄權，這些私人公司在前十年必須已在證交所上市，或參與了股票銷售，或者其股票已有成交。

《法則》包括10條總則和38條規則，這些規則之後還細分為註解，專責小組可根據接收市場的發展情況，頒布新的規則，或者對現存的規則提供新的解釋。快速靈活的反應是專責小組這一自律組織的標誌。該法的10條總則可總結如下：

（1）對競價接收中同一等級的所有股東公平對待，其享有的機會均等。

（2）不能有選擇地或優先向某些股東公布消息，而應對所有股東公布消息。

（3）及時公布充足的信息和通知，使股東能對競價做出評估。

（4）出價方只有在對執行這一出價的能力深思熟慮後，才能向要價方出價。

（5）未經股東同意，競價期間，目標公司不得採取有可能妨礙競價的行動。

（6）必須保證整個競價期間，公司股票市場的公正有序。

（7）由出價方和要價方及其顧問機構提供給股東的信息，必須非常謹慎而準確地進行準備。

（8）行使控制權必須保持誠信，不能由少數股東把持。

（9）董事的所作所為以及所提供的建議，只能是為了股東、雇員和債權人的利益，而不是為了個人利益。

（10）如果某人取得了一家公司的控制，或者合併了該公司，一般來講，

---

① 貿易產業部向專責小組傳遞信息：1995年，吉尼斯公司（Guinness）競價接收迪斯提樂公司（Distiller），並已進入股票購買階段的安排，且未向外披露。根據這一安排，該公司向目標公司的出價高於其他公司股東。這一做法違反了《法則》有關最高價格和公平對待的規則，專責小組於1989年下令吉尼斯公司補償其他股東8,500萬英鎊。吉尼斯公司於是在法庭向專責小組發難，但未得逞。專責小組的裁決正是依據貿易產業部調查員提供的有關吉尼斯公司的情況調查做出的。

他/她應該向其他所有股東整體出價。

該法的具體規則使上述原則具體化,使之有血有肉,給特定情況下的有關當事人及其顧問機構指明了方向。如果某一特定情況未涵蓋在這些規則裡面,專責小組會運用相關的總則來達到監管的目的。長期以來,專責小組對這些規則的解釋是秉其精神,而不是從字面去理解。

6.2.1.3 倫敦證券交易所的《上市規則》中對上市公司兼併收購的規定

倫敦證券交易所對上市公司兼併收購的規定主要包括:宣布競價接收,大的交易需經股東同意,擬定出價文件內容並通知倫敦證交所,考慮發行證券時的上市細節。

倫敦證券交易所的《上市規則》將收購、轉讓、接收和兼併劃分規模等級。這裡的「規模」表述為目標公司的淨資產或利潤或總資產,與出價方的淨資產或市場資本化,或總資產的百分比(對有關規模等級劃分的詳細內容,見包括《上市規則》在內的黃皮書)。倫敦證交所根據規模等級,要求出價方遵守如下一項或多項義務:通知倫敦證交所;將競價細節的通知送交出價公司的股東,並在全體股東大會上取得股東對這宗交易的批准;當交易的規模等級提高時,其責任和義務將更為繁重。

當規模比率超過100%時,就出現反接收,這意味著收購案中,目標公司強過出價方,出價的控制權轉到目標公司股東手裡。當宣告反接收時,出價方公司在特別股東大會批准之前延期上市。如果接收得到批准,公司應該作為一個新的申請人申請上市。在這種情況下,公司通常應該在股東批准的前提下,制定出上市細節,以便在股東批准以後,馬上就可得到上市批准。

倫敦證券交易所的《上市規則》的各種規模等級及其各自義務如表 6.1 所示。《上市規則》規定了通知、通告的發送,以及股東批准的最後期限。如果出現超級或反接收競價的情況,需要股東批准,出價方必須注意不要承擔強制性競價的義務,因為這不取決於股東的批准(見《法規》第 9.3 條款)。

表 6.1 倫敦證券交易所《上市規則》的各種規模等級及各自義務的規定

規模等級	是否通知 CAO	是否發出通告	是否須得到股東批准
三級(低於 5%)	否	否	否
二級(低於 15%)	是	否	否
一級(低於 25%)	是	是	否
超級(高於 25%)	是	是	是
反接收	是	是	是

假如一家上市公司的費用/損失，超過該公司前三年平均純利潤的25%，該公司要承擔補償的義務，這樣一種安排就成為超級的交易了。這一規則在吉尼斯公司（Guinness）競價接收迪斯樂公司（Distillers）一事中得到體現。①

6.2.2 美國紐約證券交易所對上市公司兼併收購的監管體系

美國上市公司收購的法律體系包括：《聯邦證券交易法》的13D、14D條款，即《威廉姆斯法》（Williams Act）；反壟斷法規——《謝爾曼法》《克萊頓法》《聯邦貿易委員會法》；聯邦最高法院的有關判例以及政府的《兼併準則》，以及各個州對收購的立法。

美國國會於1968年通過了適用於全國的對公司收購進行監管的法律《威廉姆斯法》，對通過證券交易系統逐步收購和通過發出收購要約一次性收購做出了詳細的規定。《威廉姆斯法》有四個主要目標：

（1）強制收購人就收購有關事項向目標公司股東做出適當的信息披露。

（2）規範收購程序，特別是保證要約的嚴肅以及保證目標公司的股東有足夠的時間來考慮一項要約，以決定是否接受該項要約，防止股東受到要約人或者目標公司管理部門的不正當的壓力。

（3）規定某些實體權利，主要是保護所有的股東均得到平等的對待。

（4）保證在收購人與目標公司的管理部門之間有一個公平的競爭環境。

《威廉姆斯法》的目的不是為了保護上市公司的管理層，而是通過要求收購要約或者大規模收購股票的一方對其自身的要約告知足夠的信息，使廣大投資者在做出股票投資決策時，平等地享有有關重要信息，而不是被迫盡快行動。其基本精神在於公開原則的貫徹並促進公司收購的公平。所以，該法並不規定收購要約對價的數額等實體問題，而是強制執行信息披露和其他行為規則，帶有濃厚的程序法色彩。從本質上講，《威廉姆斯法》只是為公司收購提供了技術指導。它為股份購買者提供了13D、13G、14D、14E四種可供選擇的表格。即使股東購買者所擁有的股份已達到公告臨界點，也並不必然發生強制

---

① 1985年12月，帝國集團（Imperial Group）分別成為聯合餅業公司（United Biscuits）的友好收購對象，以及漢森托拉斯公司（Hanson Trust）的敵意收購對象。1986年2月，摩根·格蘭弗爾公司（Morgan Grenfell）代表聯合餅業公司以每股320便士的價格，擊敗漢森293便士的現金價格，購買了帝國集團的股票。這樣一來，在漢森公司贏了的情況下，摩根公司遭受了損失，但這一損失由聯合餅業公司賠償。吉尼斯公司友好收購迪斯提樂公司，後者同時也是1985年12月Argyll集團敵意收購的目標，為了鼓勵吉尼斯公司競價，迪斯提樂公司賠償了吉尼斯公司在收購中招致的成本損失。

要約，他們可以選擇13G、14E表格，表明自己並沒有收購意圖，並在規定期限內對自己擁有的股份加以調整。所以可以說《威廉姆斯法》是一個中立性法律，不存在對收購的任何價值評判。正是由於《威廉姆斯法》在調整公司收購上的巨大成功，美國各州也是紛紛效仿，對於《威廉姆斯法》沒有規定的地方則由州立法加以補充，如反收購問題。

6.2.3 德國證券交易所對上市公司兼併收購的監管體系

1979年以前，德國並沒有特別的法規來監管公司的公開收購活動，而只是使用公司法和證券法的一般規定。這種收購制度介於英、美兩國之間，可以稱之為中間型。1979年，德國聯邦財務部股票市場專家委員會起草了《公開自願收購要約方針》。該指導方針並不是一套完整的公司收購規則，而是主要規定公司收購的程序，是一種自律性的條例，沒有法律效力。但該指導方針作為一種商業習慣法，在公司收購中被接受並間接地具有很強的權威性。因為《德國商法典》第346條規定，在沒有任何明確的相反的協議時，協議各方當事人和法院必須將商業實踐作對法規和合同條款有約束力的解釋。也就是說，在某些情況下商業習慣具有法律效力。

6.2.4 中國香港特別行政區香港聯合證券交易所對上市公司兼併收購的監管體系

中國香港特別行政區對上市公司收購監管的主要規定是由香港證券及期貨實務監察委員會（簡稱「香港證監會」）於1978年8月頒布的《香港收購與合併守則》。該守則於1981年、1983年、1987年和1988年先後做了一些補充或修改，其從形式到內容都基本是仿照英國的《接收與兼併倫敦法則》。

6.3 全球主要證券交易所對要約收購的信息披露的監管機制比較

6.3.1 全球主要證券交易所對上市公司要約收購的監管比較

要約收購，又稱公開要約收購或公開收購，是指收購者通過某種方式，公開向目標公司的股東發出要約，收購一定數量目標公司的股權，從而達到控制該公司的目的。要約收購事先不須徵得目標公司管理部門的同意，要約的對象

是目標公司的全體股東，要約的內容包括收購期限、收購價格、收購數量及其他規定事項。這種收購方式主要發生在目標公司的股權較為分散，公司的控制權與股東分離的情況。要約收購在英國被稱為 takeover bid，在美國則被稱為 tender offer。除了要約收購外還存在協議收購。協議收購是指收購者通過與目標公司管理部門或股東私下協商，達成協議，並按協議約定的收購條件、收購價格、收購期限及其他規定事項，收購目標公司股份的行為。這種收購多發生在目標公司的股權較為集中的情況下，尤其是目標公司存在控股股東時，收購者往往與目標公司的控股股東協商，通過購買控股股東股權來獲得對該公司的控制權。這必然導致協議收購在機會均等、信息公開、交易公正方面存在較大的局限性，許多國家的立法都限制甚至排除了協議收購的合法性。因此和要約收購比，協議收購並不流行和普遍。而當今世界上，各國的股權結構都比較分散，特別是英、美等國和香港等地區的上市公司的股權機構特別分散。而在日本、德國，公司特別是大公司之間形成了環狀持股，且銀行既是企業的債權人，又是企業的投資者和代理股東，這使得公司的股權結構複雜而且趨於集中穩定，與英、美等國相比，要約收購並不流行。另外，敵意收購、自願收購和強制性收購是從收購的不同角度出發進行的分類，本質上都是基於要約收購的。因此下文主要對美國、英國、中國香港地區的要約收購監管進行比較。

6.3.1.1 要約收購的法律規定的比較

（1）要約收購公布時間的比較。表6.2給出了美國、中國香港、英國證券交易所對上市公司要約收購公布的時間比較。據該表可知在中國香港、英國當持有某上司公司股份達到一定比例時候，必須履行強制要約收購義務。而美國沒有這種要求，只是持5%以上股份的股東應在達到該比例之日起10天內向美國證管會、證券交易所報告，並公布持股意圖，不一定要求履行強制收購義務。

（2）要約收購公布程序的比較。關於要約收購公布程序上，中國香港聯合交易所、美國紐約證券交易的規定與倫敦證券證券交易所相同。倫敦證券交易所要求上市公司的要約收購程序須按照《接收與兼併倫敦法則》規定進行。該守則規定收購要約應當首先向目標公司的董事局或其顧問做出，然後才向公眾公布，而不得直接向目標公司股東提出。

表 6.2　美國、英國、香港證券交易所對要約收購公布時間的比較

交易所	要約收購公布的時間
紐約證券交易所	美國的《1934 年證券交易法》規定，持有一公司 5%以上股份的股東應在達到該比例之日起 10 天內向美國證管會、證券交易所報告，並公布持股意圖
倫敦證券交易所	《接收與兼併倫敦法則》第 34 條規定，如果某人在一個時期內取得公司 30%以上有表決權的股票，或如果持有有表決權的股票 30%~50%的人在 12 個月內又增購股票，以致其持有股票的百分比又增加 2%以上，那麼他必須向目標公司該類股票的所有股東發出收購要約。其他的類同香港
香港聯合交易所	《收購與合併守則》規則 3.1 規定，在下列情況下，要約人必須公布收購要約：①當做出要約的確實意圖已由可靠方面通知受要約公司的董事局（不論董事局對該項要約的態度如何）。②當因取得股份而產生規則 26 下做出強制要約的義務，便必須立刻公布。有關已產生該義務的公布，不應因正在收取全部資料而遭阻攔。額外資料可在稍後的補充公布中提供 。③當受要約公司在未被接觸前成為謠言及投機活動的對象，或其股價出現不正常波動而有合理理由可推斷該情況是由於有意要約人的行動（不論是由於保密不足，還是購買受要約公司股份或其他原因）所致。④當談判或討論將由極少數人（即有關公司內需要知悉有關談判或討論的人及其即時的顧問）擴展至其他的人

（3）要約收購的有效期限的比較。表 6.3 給出了美國紐約證券交易所、中國香港聯合交易所、英國倫敦證券交易所對要約收購的有效期限的規定比較。據表 6.3 可知，香港《收購與合併守則》的縝密細緻可見一斑。與香港地區相比，美國收購立法對收購要約期間的規定簡單了許多。

（4）要約收購變更規定的比較。要約收購變更包括兩個方面，一是要約收購變更時間方面的限制；二是要約收購變更內容方面的限制。在要約收購變更時間方面，香港聯合交易所規定上市公司須按照香港《收購與合併守則》第 16 條規定：要約發出 46 天後除有特別規定，不得再行變更。倫敦證券交易所則要求上市公司須按照歐共體《公司法第十三號指令》第 15 條規定：變更要約條件須於收購期間終了前 1 周為之，同時要約期間也自動延長 1 周。紐約證券交易所對要約收購變更時間方面的限制類同倫敦證券交易所。在要約收購變更內容上，美國、英國、中國香港地區均規定只允許要約人改善要約條件，通常是提高收購對價、增加收購數量、擴展收購期限等內容。

表 6.3 美國、英國、中國香港證券交易所對收購要約有效期限的比較

紐約證券交易所	美國《威廉姆斯法》規定：收購要約的期限不得低於 20 個工作日，但是不能超過 60 天 《1934 年證券交易法》規則 14（e）-1（a）規定，一項要約自其公布、發出或送達股東之日起，至少應保持 20 天的有效期。規則 14（e）-1（b）規定，對要約中規定的求購股份比例、要約價格、券商的代理費用有任何增加減少的情況，自該增加或減少的通知公布、發出或送達股東之日起，至少應保持 10 天的有效期。違反上述規定，即構成違法收購要約
倫敦證券交易所	《接收與兼併倫敦法則》規定收購要約的有效期限不得少於 21 天，但不能超過 60 天
香港聯合交易所	《收購與合併守則》第 17 條規定：有效期不少於 21 天但不超過 60 天 《收購與合併守則》規則第 15 條要約時間表規定：「要約在寄發日後必須最少維持 21 天可供接納時間；如果要約附帶條件，必須清楚說明要約人可宣布要約成為無條件的最後日期；凡有條件要約成為或宣布為無條件，則其後該項要約維持可供接納的期間不應少於 14 天。有關延長要約期的任何公布，必須註明下一個截止日期，或如果該項要約當時已成為無條件，可以聲明該項要約將會維持可供接納，直到另行通知為止。如屬後者，在要約截止前，必須給予仍未接納要約的股東最少 14 天的書面通知；除非要約在較早時已成為無條件，否則該項要約由寄發最初要約文件的日期起計 60 天後不得維持可供接納，但執行人員同意則例外。」從上述規定可以看出，《香港收購與合併守則》不僅規定了收購要約的最短期限（21 天），最後期限（60 天），而且還規定了附帶條件收購要約相關的 14 天接納期，為了使收購要約期間更具靈活性以適應複雜多變的收購進程，規則 15 條的註釋 1、註釋 2 和註釋 4 還規定了三種可以延長收購要約期間的情況。情況 1：《守則》第 15 條第 4 款要求受要約公司董事局應盡可能提前公布業績、盈利或股息預測、資產估值或主要交易等情況以供投資者參考，除非執行人員同意，不應在寄發最初要約文件當天後第 39 天之後公布。如公布或得到執行人員同意而在第 39 天後做出，那麼執行人員通常會准許將 60 天的最後期限延長。情況 2：如果有競爭要約公布或受要約公司的董事局同意，執行人員可能容許延長期限，以配合法院時間表。情況 3：考慮到收購者有可能在收購要約期間內修改收購要約，《守則》第 16 條規定，收購者如修訂要約，修訂要約必須由致股東的修訂要約通知書的寄發日期起計，維持至少 14 天可供接納時間，除規則另有規定外，在最初要約文件寄發日期的 46 天後，原有的要約不得被修訂要約替代

(5) 要約收購撤銷的規定比較。《香港收購與合併守則》第 5 條規定：有競爭收購者出現，並已提出較高價格且無附帶額外條件的要約。在這種情況下，由於競爭者的條件優於原要約人，因此，在原要約人不願或不能提出更具競爭力的收購條件的情況下，應當允許其撤銷要約，退出競爭；發生與要約人意志無關的特別事由，以致不能進行公開收購，經證券監管機關認可，可以撤銷要約；收購要約的條件未能滿足受要約人的可以撤銷要約。英國、美國證券交易所關於要約收購撤銷的規定同香港聯交所。

(6) 要約收購的承諾規定的比較。美國證券交易所對要約收購的承諾規定是由《1934 年證券交易法》第 14 條第 4 款第 7 項做出的。該款項規定：受要約人承諾後，如果要約人在收購開始 60 天後尚未對已作承諾並交付股票的受要約人支付相應的價金，已作承諾的受要約人有權在收購開始的 60 天以後的任何時間內撤回其根據要約向收購要約人所交付的股票。這一方面，可以給受要約人一次重新做出決定的機會；另一方面，可以有效地防止要約人故意拖欠收購價款。中國香港聯合交易所、英國倫敦證券交易所關於要約收購的承諾規定同美國的十分類似。

6.3.1.2 要約收購完成後的法律規定的比較

(1) 要約收購失敗後的規定的比較。要約收購失敗後的法律規定主要包括撤銷承諾的規定、收購失敗者繼續收購的時間限制的規定、收購人再次發起收購時間限制的規定。在要約收購失敗後撤銷承諾的規定方面，英國的《接收與兼併倫敦法則》規定：收購要約期滿，收購要約人持有的普通股未達到該公司發行在外的普通股總數 50%時受要約人有權撤銷其承諾。中國香港地區的《收購與合併守則》更加完善，第 17 條規定：「如果要約在首個截止日期計 21 日後仍未成為無條件，接納者有權撤回該項接納，這個撤回接納的權利在該項要成為無條件之前都可以行使。」這種規定賦予受要約人在要約失敗的情況下一個重新考慮是否出賣自己股票的機會。美國紐約證券交易所在該方面沒有相關規定。

在收購失敗者繼續收購的時間限制的規定方面，英國《接收與兼併倫敦法則》規定：如果收購要約被撤銷或失敗的，則除非經 City Panel 同意，收購人在要約撤銷或失敗之日起 12 個月內：①不得向目標公司再進行要約收購；②不得購買目標公司股份從而使自己負有強制要約義務；③不得購買目標公司股份，從而持有目標公司 40%~50%的表決權股份。如果收購要約人通過部分要約收購持有目標公司 30%~50%表決權股份的，則上述要約收購或購買限制也同樣適用。美國證券交易所、香港聯交所在該方面沒有做出規定。

在收購人再次發起收購時間限制的規定方面，英國的《接收與兼併倫敦法則》規定：如果收購成功，收購人持有目標公司50%以上表決權股份的，則除非專門小組同意，在該要約收購完成後的 6 個月時間內，不得以比以前收購要約價格更高的價格向目標公司任何股東做出進一步的要約。如果收購人的部分要約收購成功的，則除非專門小組同意，收購人在該收購完成後的 12 個月內不得再購買目標公司的股份。美國證券交易所、香港聯交所在該方面沒有做出詳細的規定。

（2）要約收購成功後的規定的比較———強制收購制度。英國對要約收購成功後的規定比較詳細，美國、中國香港地區則在這方面的規定不夠詳細，也不夠具有代表性，為此僅僅給出英國有關要約收購成功後的規定 。英國1948年《公司法》第209條第（1）項規定，如果要約人的要約已為受要約股份的90%的持有者所接納，在4個月內，要約人有權向未接納要約的股東發出希望收購其股份的通知，該通知必須在接納要約達到90%後的2個月內做出。收購公司有權利也有義務以要約中的相同條件收購剩餘少數股東的股份，但是，這種對少數股份的強行徵購必須是公平的。少數股東應能在享有充分信息的基礎上對收購要約做出適當的評估，必須不為董事會所誤導。而且根據未接納要約股東的請求，如果法院認為合適，可做出不允許收購的裁決。與要約人享有的權利相對應，第209條第（2）項規定少數股東亦有權要求要約人收購其股份。要約人在辦理其90%或以上的持股登記轉讓後1個月內，應向其餘每一位股東通告其持股已達 0%的事實。任何餘下股東有權在3個月內以上述形式通知要約人給予與辦理轉讓登記之股東相同的條件，收購其股份。

從英國有關要約收購成功後的規定可以看到，這一規定實質上一種強制性收購制度，其具有兩個方面的作用。首先，從收購人方面看，該制度實際上是允許收購人排除目標公司少數派股東，從而獲得對目標公司100%控股。由於現代公司法和證券法注重對公司少數派股東利益的保護，為免受有關少數派股東利益保護規制的限制，收購人往往具有獲得對目標公司100%控股的強烈願望。其次，從目標公司少數派股東方面看，該制度實際上允許其以公正的價格退出目標公司。這對目標公司中不能行使經營管理權，又可能受大股東侵害的中小股東來說，是一種比較有力的救濟手段。

6.3.2 全球主要證券交易所對要約收購的監管機制的評述

從上面的比較可以看到，英國的《接收與兼併倫敦法則》、中國香港的《收購與合併守則》和美國的《威廉姆斯法》的主要區別在於在要約公布階段

和強制收購制度。美國沒有強制性收購的規定，而中國香港、英國卻規定得很嚴格。產生這個區別的主要原因如下：

英國的《倫敦守則》、香港地區的《收購與合併守則》和美國的《威廉姆斯法》分別代表了法律強制性規則和法律許可性規則。在目標公司股東平等待遇和充分披露原則方面，英國的《接收與兼併倫敦法則》和美國的《威廉姆斯法》是保持一致的。但兩者對上述兩項基本原則的側重點卻有所不同。英國是以目標公司股東平等待遇為核心原則，而美國強調的是充分披露。從核心原則的側重點可以看出，英國上市公司收購的立法基點是以保護社會公眾投資者和禁止證券詐欺為重點，因此其在收購程序、要求、條件等方面做出嚴格規定，側重維護交易安全和市場穩定，保護中小股東的利益。而美國強調在不干預交易自由的前提下，其立法重點在於信息披露，並不側重保護中小股東利益或上市公司的管理層利益。它是中性的法律，體現了某種自由和平等的精神，社會公眾投資者和收購者站在相同的立場上評價公司的前途和股票價值，以自主意思做出合理的投資判斷。上市公司收購因有利於公司間相互參股、控股、鼓勵企業競爭，提高經營管理水平，優化資源配置，調整產業結構，法律制度應當為公司收購提供可行的渠道，因而其收購的程序、條件、要求等不太過於嚴格，立法重點放在了收購信息公開的規範化上。因此，美國的《威廉姆斯法》並沒有關於強制收購的規定。

6.4　證券交易所監管上市公司的反收購的比較

英國倫敦證券交易所、美國紐約證券交易所在對上市公司的反收購的有關規定具有代表性，故下文僅僅對這兩個交易所的有關規定進行比較。

6.4.1　英國倫敦證券交易所監管上市公司反收購的法律法規

英國對目標公司反收購的規範，主要由《接收與兼併倫敦法則》進行規範的。而在此以前，《倫敦城收購與合併守則》的規定並不適用。潛在的目標公司對可能的收購所採取的預防措施主要通過公司法、判例法進行調整。

（1）《接收與兼併倫敦法則》對目標公司反收購行動的規範。根據英《倫敦城收購與合併守則》第 7 條和第 21 條：「當一項真誠的要約已經提交給受要約公司董事會，或者受要約公司董事會有理由相信即將發生一項真誠的要約時，受要約公司董事會不得採取任何行動，在效果上令該項要約受到阻撓或使

受要約公司股東被剝奪了根據要約利弊決定是否接受要約的機會。除非受要約公司的股東在公司股東大會上通過決議同意採取此項行動。」特別是「受要約公司董事會」未經股東大會批准，不得：

①發行任何股份。

②就任何未發行股份予以發行或提予期權。

③創設或發行或准許創設或發行任何證券，而該等證券是附有轉換為該公司股份或認購該公司股份的權利。

④出售、處置或取得，或同意出售、處置或取得重大價值的資產。

⑤在日常業務過程以外訂立合同等。

另外該《守則》第 37.3 條還規定受要約公司董事會不經股東大會同意不得回贖或回購本公司的股份。

從以上規制的內容可以看出，英國的《接收與兼併倫敦法則》將反收購的決定權交給了目標公司股東。因為英國傳統理論認為目標公司股東是公司的真正所有者，應該有權決定該公司的最終命運。而且由於目標公司經營者與股東之間存在利益衝突，允許目標公司經營者介入股東和收購者之間也是非常危險的。因此，不論董事會出於何種目的或理由（比如說追求股東的最大利益），只要未經股東大會批准，目標公司經營者就不能擅自採取反收購行動。

（2）英國《公司法》對目標公司反收購行動的規範。英國《公司法》中的許多規則，其本身的立法目的並不是對公司的反收購預防措施進行管制，但是這些規則在實際動作中卻會對目標公司經營者可以採取的防禦措施起到限製作用。比如，英國《公司法》規定，當公司發行新的股份時，公司原有股東具有按持股比例優先認購的權利，如果目標公司股東試圖通過定向配售新股來減少潛在的收購人所持有的股份比例，以達到防止收購的目的，那麼就會受到股東優先認股權條款的限制。該條款的本來目的是防止公司現在的股東在公司中的股權比例被稀釋，但卻可以被用來限制目標公司經營者未經股東同意而將公司股份定向配售給友好的持股人。另外，如果目標公司管理部門因為擔心某些股東對公司管理狀況不滿，有可能提出收購要約或接受他人的收購要約，因而試圖從這些股東手中購回公司股份時，也會受到公司法的限制，因為 1985 年《公司法》第 164、165 條規定，公司的股份回購須先行獲得目標公司優先股股東的許可。這一條款對於目標公司在收購中應付「綠票訛詐」，即對以高價回購收購人手中持有的目標公司股份的能力具有限制的作用。

（3）英國判例法對目標公司反收購計劃的規制。英國判例法對目標公司反收購行動的規制主要是運用了信託義務原理。英國傳統的公司法理論認為，

公司經營者是公司或股東的受託人，對公司或股東負有信託義務（包括忠誠義務和注意義務），根據忠誠義務的要求，董事必須善意地以公司或股東利益最大化為標準而行動，且董事行使其權力必須符合所授權力之目的，不得為不同於該目的之目的而行使該權力（正當目的標準）。因此，如果董事採取反收購行動是為了保護自己對公司的控制，那麼這種行動就是不正當的，在 1967 年 Hogg V. Cramphorn 案[①]中，目標公司董事獲悉將會發生對本公司的收購，但他們認為收購行動不符合公司股東的最大利益，因為收購會在公司雇員中引起混亂。公司董事會認為，通過保留現在的經營者，股東的利益會得到最好的保護。因此，董事會以公司雇員為受益人設立了一個信託機構，受託人由董事會指定。公司向該信託機構出借了大量現款，並使其利用這些現款認購了本公司已被授權但未發行的股份。這些新發行的股份與公司董事自己掌握的股份相結合，足以防止收購的發生。在本案判決中，法官認為，董事的這一行為雖然主觀上可能是為公司股東的最大利益而設計的，但從客觀上看，這種行為顯然是為了保有他們對公司的控制權。這不符合董事權力設置的目的，董事的行為違反了信託義務。因為公司章程並未授權公司董事利用發行新股的權力來剝奪股東就是否接受要約而做出決定的機會。可見，英國法院在本案判決中在判斷目標公司董事反收購行動是否符合正當目的時，採用的是客觀標準，改變了過去的主觀判斷標準，應該說這是一個很大的進步。

（4）目標公司經營者可以採取的反收購措施。雖然《接收與兼併倫敦法則》將反收購的決定權賦予了目標公司股東，並對公司經營者的反收購行動嚴加限制，但這並不意味著目標公司經營者在反收購方面無所作為。首先，目標公司經營者可以在其向目標公司股東提出的關於收購要約的諮詢建議中，陳述本次收購中股東的利害得失，勸說股東拒絕收購要約。其次，目標公司經營者可以尋找第三方，由第三方向目標公司股東提出競爭性要約。根據《接收與兼併倫敦法則》的規定，要約收購人在將要約公布之前，須首先向目標公司董事會提出。且《接收與兼併倫敦法則》規定要約的有效期限不得少於 21 天，因此，自收購人將要約向目標公司董事會提出之日起，公司董事會大概有一個月甚至更多的時間去尋找競爭者。但《接收與兼併倫敦法則》要求目標公司經營者必須對所有的收購人保持不偏不倚的態度，目標公司向「白馬騎士」提供的所有與公司有關的信息和資料，也應該無差別地向不受歡迎的要約人提供。再次，目標公司經營者還可以勸說有關部門將該次收購提交給壟斷

---

① 請參照英國關於 Hogg V Cramphorn 案的相應案例材料。

與兼併委員會。根據《倫敦城收購與合併守則》的規定，所有的收購要約都必須包含一個條款，即如果本次收購被提交到壟斷和兼併委員會，本次要約自動失效。因此，如果目標公司經營者參觀團遊說成功，那麼實際上等於挫敗了這次收購。最後，由於《接收與兼併倫敦法則》只規範了針對即將發生的收購或已經發生的收購而採取的反收購行為，而對在收購尚未發生之前的反收購行動卻無能為力，因此，目標公司經營者完全可以在收購者出現之前採取反收購防禦措施，比如發行無表決權股份、限制表決權股份等，還可以在公司章程中設置「驅鯊劑」①條款。當然，所有這些防禦措施均須遵守《公司法》等相關法律的規定。

6.4.2 美國紐約交易所監管上市公司反收購的法律法規

美國對目標公司反收購的規制主要體現在判例法和各州公司收購立法之中。

（1）美國判例法對目標公司反收購計劃的規制。美國判例法對目標公司反收購行動的規制，與英國一樣，也是運用了信託義務的原理，美國法院在反收購案件的審理中確立並發展了以信託義務為基礎的商業判斷規則。所謂商業判斷規則，是美國判例法在審判實踐中總結出來的一個董事可以免責的標準。由於現實生活中的商業環境千差萬別，董事在做出某一決定時，對自己的行為是否在客觀上符合忠誠義務與注意義務往往並不十分清楚，而如果動輒讓董事負責，又勢必會使董事時刻處於對責任的過分擔心情景之中，顯然不利於公司事業的發展，因此，美國法院首先假定公司董事在做出一項商業決定時，是善意的和沒有個人利益衝突的，是本著對情況的充分瞭解行事的，並且真誠地相信所採取的行動符合公司的最大利益。任何人如果認為董事的決定違反信託義務，那麼他就必須承擔舉證責任，向法院證明，如果不能證明，那麼公司董事就受到商業判斷規則的保護，即便是目標公司及其股東因董事的有關決定受到了損失，公司董事也無須為此承擔任何法律責任。

上述商業判斷規則也適用於美國判例法對反收購行動的規制。在美國，法律將目標公司經營者的反收購行動視為公司商業活動的一部分，因此，目標公司經營者有權就是否採取反收購措施，以及採取什麼樣的反收購措施自行做出決定。只要目標公司董事在採取反收購行動時，按照商業判斷規則的要求履行

---

① 驅鯊劑條款又稱拒鯊條款，指公司為防禦其他公司的敵意收購而採取的一些正式的反接管手段。董事會可預先召開股東大會，在公司章程中設立一些條款，增加收購的難度。這些條款被形象地稱為「驅鯊劑」。

了對公司股東的信託義務，他們就受到該規則的保護。可見，美國法律將反收購的決定權交給了目標公司經營者，而不是目標公司股東。

但目標公司經營者並非無限制地受到商業判斷規則的保護。這是因為目標公司經營者在公司收購中當然地處於個人利益衝突之中。美國在反收購判決中運用商業判斷規則的第一個判例是1964年特拉華州衡平法院的一個審判案件。該案件中，法官首先假設目標公司的經營者在反收購決定中存在私人利益和自我交易，如果董事能舉證證明其決定是為了公司或股東的利益而不是個人利益，且該決定是經過仔細的調查和慎重的研究，是在獲得充足信息的基礎上做出的，那麼董事的反收購決定就是正當的商業判斷，董事無須承擔任何法律責任，否則，就要承擔責任。

反收購案件中的商業判斷規則在1985年美國特拉華州最高法院審理的Unocol Corp. V, Mathes一案中，也得到很好的應用。該案件中法官並沒有機械地套用商業判斷規則，要求原告負舉證責任，而是採取了舉證責任的轉換，即要求被告——目標公司經營者負舉證責任來證明其反收購行動是為了公司的利益。特拉華州最高法院裁決，商業判斷規則可以適用於公司董事會的反收購行為，但是公司董事會必須先行證明他們的行為為：①並非完全或主要是出於反收購的目的，②是基於善意做出的反應，③經過了合理的調查，④合理地相信收購會威脅公司的經營政策和公司的效率，⑤公司董事會所採取的反收購措施相對受到的威脅具有妥當性。Unocol一案中法院課以目標公司董事的證明義務在以後的反收購案件的判決中被廣泛地引用，尤其是第最后一條「供貨商董事會所採取的反收購措施」，「已經被證明是在收購案件中一個非常重要的法律改革。因為依傳統的商業判斷規則，如果董事是善意地，經過合理調查之後做出的經營決定，那麼即可以免於追究。」

特拉華州最高法院在1985年Revlon, inc. V. MacAndrews & Forbes Holding, Inc一案的判決中進一步豐富了Unocol判決的內容。法官在肯定目標公司經營者收購初期反收購行動合法性的同時，認為當Revlon公司的解散已經不可避免，當公司經營者面對的不再是收購對公司的經營策略、效率以及股東利益構成的威脅時，目標公司董事義務就從負責公司的經營活動、保護公司的長期經營政策，轉變為爭取實現目標公司股東收益的最大化。因此，董事的角色應該從公司堡壘的設防者變為為股東在出售公司中獲得最佳價格的拍賣人。而本案中Relvon公司的董事沒有履行這一義務，在公司的解散已經不可避免時，董事們對邀請來的收購競爭者許以各種優惠條件，使其在競爭中處於優勢地位，這種明顯偏袒友好一方的行為沒有能使市場的作用得到充分發揮，

不能給目標公司股東帶來對他們股份可能的最佳利益，因而是違法的，不應受到商業判斷規則的保護。

特拉華州最高法院在 1989 年 Paramount Communications Inc. V. Time Inc. 案中對董事拍賣義務的適用條件進一步歸納為兩點：①當目標公司主動發起一次對本公司的收購來尋求出售自己，或其結果明顯是公司解散重組；②針對一個收購者的要約，目標公司放棄了公司長遠的發展戰略並尋求其他可替代的交易，這種交易亦含有公司解散的結果。法院認為，在這樣兩種情況下，目標公司董事應當站在中立的地位，將公司賣給給予最佳價格的收購者，而不應阻撓對公司股東有利的收購活動。

（2）美國各州公司收購立法對上市公司反收購的規定。美國各州的公司收購立法，無論是早期的第一代立法，還是 1982 年以後的第二代立法，為了吸引大公司到本州註冊，防止本州公司被他人收購，保護本州現有的工作機會，因而大多對公司收購加以限制，對目標公司的反收購行動採取比較寬鬆的態度。早期的反收購立法通常有三種類型：①遠在提出收購要約之前，即要求收購人通知目標公司，為目標公司管理部門提供了大量的時間以謀劃防禦策略；②要求收購人進行一些極為麻煩的披露；③要求收購人到州的某一機構參加所謂的「公平聽證」。而一般情況下，這種「公平聽證」對目標公司管理部門比對收購人更為「公平」。1982 年美國最高法院在 Edgar V. MTTE 案中宣布各州第一代反收購立法違憲以後，各州又制定了所謂的第二代反收購法，第二代反收購立法中的許多條款仍然是限制收購的發生，對目標公司的反收購行為依然保持著支持與寬鬆的態度。比如：①控股權收購條款。收購人在收購目標公司超過一定限額的股份時，須獲得目標公司股東的同意，否則對其投票加以限制。收購者的目的是通過購買目標公司的股份獲得投票權，然後通過投權控制目標公司。如果投票權受到限制，公司收購也就失去了意義。②公司合併條款。禁止收購公司在完成收購之後的特定時間內（紐約州為 5 年，特拉華州為 3 年），將目標公司並入收購公司，這種做法是為了防止收購人利用目標公司財產作為槓桿收購的擔保。③公平價格條款。收購人獲得目標公司股份超過一定界線時，須以「公平價格」買下其餘股東的股份。「公平價格」是指收購人為獲得控股權所支付的最高價格。這種條款與強制要約制度很相似。它使收購者被迫向所有的股東發出要約，這對保護中小股東的利益有一定的作用，但同時也加重了收購者的負擔。④其他利益主體條款。這種條款要求公司董事在決定是否對公司面臨的收購行動進行抵制時，不僅要考慮公司股東的利益，而且要考慮公司雇員、債權人顧客以及地方社區的利益，這就為公司董事以不符合

股東利益的方式採取反收購行動提供了法律依據。在美國已經有30個州制定了含有這種條款的法律。但這種條款無疑擴大了公司董事反收購行動的自由，因為董事所要考慮的利益範圍越廣，在某個特別的場合下要證明其違反了法定義務也就越難。

6.4.3 對英美兩國上市公司反收購監管的評價

英美兩國都是公司收購頻繁發生的國家，但從上述兩國法律對目標公司反收購行動的規來看，英國對目標公司的反收購措施所進行的限制比美國要嚴格許多。英國的《倫敦城收購與合併守則》將反收購的決定權賦予了目標公司股東，目標公司經營者面臨即將發生或已經發生的收購，未經股東大會同意，不能採取任何反收購措施剝奪目標公司股東接受要約的機會。《接收與兼併倫敦法則》雖然對目標公司經營者在收購發生前的反收購行為沒有予以規範，給目標公司經營者在收購發生前採取各種預防性與收購措施留下了一個很大的空間，但目標公司經營者的預防性反收購措施依然受到英國公司法的許多限制。而且，由於機構投資者在英國公司中占據股權優勢，而這些機構投資者要求其投資的公司股票流動性好、回報率高，大多不希望對公司收購設置過多的障礙，因而目標公司經營者對收購採取的預防性措施一般來說不會得到機構投資者的支持。這種公司股權結構上的特點地實踐中也限制了目標公司經營者在法律上享有的採取反收購預防措施的權力。

美國的收購活動頻率遠遠超過英國，但美國法律對目標公司經營者的反收購行動卻採取了較英國更為寬鬆的態度。美國的商業判斷規則將反收購行為視為目標公司董事經營行為的一部分，因而將反收購的決定權賦予了目標公司經營者而不是目標公司股東。針對反收購使目標公司董事處於嚴重的利益衝突這一事實，法院對商業判斷規則進行了舉證責任轉換的修改，使目標公司董事負舉證責任來證明其反收購行為符合商業判斷規則的標準，但這種修改本身使目標公司董事所負的證明義務在審判實踐中並沒有能夠有效地規制目標公司董事的反收購行為。特拉華州法院雖然將商業判斷規則發展為Unocal標準、Revlon標準，但從這些標準在實踐中所起的作用和各州反收購立法的有關條款來看，美國的這種規制方法使目標公司的反收購行為越來越失去控制。尤其是允許目標公司董事在決定是否採取反收購措施時考慮公司僱員、債權人、顧客及社區等非股東主體的利益，更是將目標公司董事反收購的權力擴大到了一個令股東們無法接受的極限。

比較英美兩面國的反收購立法，英國的做法更為合理，理由如下：

第一，目標公司股東自由轉讓股份的權利不應受到目標公司反收購行為的限制。股份是目標公司股東的股份，目標公司股東在何時，以何種價格將股份賣給誰完全是他們自己的事。如果目標公司董事有充足的理由認為收購有利於目標公司股東，他可以向股東陳述利害，提出自己的意見和建議，勸說目標公司股東拒絕接受要約，或者為股東去尋找一個更高報價的競爭性要約，但無論怎樣，目標公司董事無權在未經目標公司股東同意的情況下，擅自採取反收購措施剝奪股東們就是否出售股份做出決定的機會和權利。

第二，目標公司經營者固有的自我利益與公司股東利益之間存在著不可調和和難以避免的衝突，如果將反收購的決定權像美國那樣賦予目標公司經營者，那麼目標公司經營者為保護自身利益而濫用反收購權利的現象無論法律怎樣限制和規範都將不可避免，況且目標公司董事的反收購措施是為目標公司股東的利益還是為了其私人利益本來就難以證明和區分，因而目標公司董事的反收購措施在很多情況下成為其鞏固對公司控制權的工具。因此，以保護目標公司及其股東利益為初衷的反收購行動應當由目標公司股東自己來決定。

7 全球主要證券交易所對上市公司退市的監管制度比較

　　建立上市公司退出機制是西方成熟的證券市場的普遍做法,其目的是為了保證證券市場的總體質量,把不合格的上市公司淘汰出局,使股市能夠有效地建立起一種資金彈性流動機制,即資金迅速地從衰落的產業部門、經營效益差的企業轉向新興的產業部門和經營效益好的企業,實現資源的最優配置,提升產業結構,促進國民經濟的增長。資金在不理想的部門和企業沉澱的時間越短,對於整體經濟的發展就越有利。根據有關專家的研究,美國經濟在近年來之所以能取得強勁增長,與它的資金彈性流動機制運行完善有關,而日本經濟的衰退在很大程度上受其缺乏彈性的資金流動機制影響。對上市公司來說,建立退市機制最重要的意義在於使之珍惜自己的上市地位,並認識到這一地位的保持取決於改善經營、提高效益的不懈努力。從長遠的角度看,退市機制的建立是對於上市公司改進經營管理、努力最大化股東利益的一項硬性約束。因此,加強對上市公司的退市的監管是證券市場不可缺少的一部分。當今世界上除了少數國家上市公司的退市要報證券監管部門核准以外,大多數國家的退市都是由證券交易所決定的。

　　目前上市公司退市形態有如下兩種:一種情況是上市公司因不符合上市標準(或稱摘牌,Delisting, Cancellation of Listing)被強制退市(交易所強制退市、證券監管部門的強制退市);另一種情況是原來在多個市場上掛牌交易的公司,經證券交易所批准,上市公司主動提出撤回上市(Withdrawal of Listing)(主動退市)。

　　下面首先對比紐約證券交易所、東京證券交易所、香港聯合證券交易所、倫敦證券交易所的退市標準和退市程序,然後介紹德國的主動退市機制。

7.1 主板市場的強制退市監管比較

7.1.1 強制退市標準的比較

表 7.1 給出了紐約證券交易所、東京證券交易所、香港聯合證券交易所、倫敦證券交易所的強制退市標準。通過比較，不難看出除倫敦證券交易所以外其他三大證券交易所規定的退市標準主要涉及以下幾個方面：

(1) 股權機構及其股份的分散程度。
(2) 股利的分配情況。
(3) 財務狀況和經營業績欠佳。
(4) 法院宣布該公司破產清算。
(5) 不履行信息披露義務。
(6) 違反法律。
(7) 違反上市協議。

表 7.1　各證券交易所上市公司退市標準比較

證券交易所	退市指標	退市指標標準
紐約證券交易所	股權的分散程度 股權結構 經營業績和資產規模 股利的分配情況 不履行信息披露義務 破產清算 違反法律 違反上市協議	(1) 股東少於 600 個，持有 100 股以上的股東少於 400 個 (2) 社會公眾持有股票少於 20 萬股或其總市值少於 100 萬美元 (3) 過去的 5 年經營虧損 100 萬美元 (4) 總資產少於 400 萬美元且過去 4 年每年虧損 (5) 總資產少於 200 萬美元且過去 2 年每年虧損 (6) 連續 5 年不分紅利
東京證券交易所	股權的分散程度 股利分配情況 股本總額和股權結構 經營狀況 資不抵債情況 是否嚴格履行信息披露義務	(1) 社會公眾股東數不足 1,000 人（延緩一年） (2) 最近 5 年沒有發放股息 (3) 上市股票股數不滿 1,000 萬股，資本額不滿 5 億日元 (4) 營業活動處於停止或半停止狀態 (5) 連續 3 年出現資不抵債情況 (6) 上市公司有「虛偽記載」且影響很大

表7.1(續)

證券交易所	退市指標	退市指標標準
香港聯合交易所	公司出現財務困難，嚴重損害其繼續經營能力或導致其部分或全部業務中止經營 公司資不抵債	
倫敦證券交易所	股權的分散程度 暫停交易超過6個周 違反上市規定 被合併	公眾持股低於25%，除非股數大到市場可以正常運作

　　同時可看到這些退市標準有如下特點：第一，除了一視同仁的非數量的標準外（例如信息披露方面），數量標準都細化和量化，特別是紐約證券交易所，其對不同資產總額的上市公司的退市標準就不一樣，總資產高的退市標準就設計得低一些，反之則高一些。第二，退市標準採用了時間標準和資本標準相結合的方式，使得退市標準具有實際操作性，上市公司只要對號入座就知道自己是否面臨退市的風險。這是它們退市機制設計的最大優點。香港聯合交易所與其他兩個交易所的指標相比要籠統得多，但是它在其《證券法》《證券及期貨交易法》中對退市有相應的條款監管，這彌補了表7.1所列內容的不足。

　　從理論上看，這些量化標準都是基於股票是否有實際價值這一經濟標準制定的。這包括兩個方面：一是股票作為一種虛擬資本，它的價值源於上市公司未來現金流的貼現值，如果公司未來沒有現金流入，那麼股票的價值為0，沒有交易價值就應予退市。正如退市標準中的資不抵債、公司的經營和財務狀況不佳等。二是股票是一種流通性很強的流動資產，它上市的根本目的就是進行資本融資，通過資本的流動實現資源的優化，如果股票高度集中或者無人問津，則失去了其上市的意義，這也應予退市，比如標準中的股權機構和股權的分散程度未達標等。當然，為了貫徹股票交易的三公原則（公平、公正、公開原則），維持一個有秩序的股票市場，交易所對那些嚴重違反法律法規的上市公司理應予以終止上市。

7.1.2　強制退市程序的比較

7.1.2.1　紐約證券交易所強制退市程序

(1) 交易所在發現上市公司低於上市標準之後，在10個工作日內通知

公司。

（2）公司接到通知之後，在 45 日內向交易所做出答覆，在答覆中提出整改計劃（Resumption Proposal），計劃中應說明公司最遲在 18 個月內重新達到上市標準。

（3）交易所在接到公司整改計劃後 45 日內，通知公司是否接受其整改計劃。

（4）公司在接到交易所批准其整改計劃後 45 日內，發布公司已經低於上市標準的信息。

（5）在計劃開始後的 18 個月內，交易所每 3 個月對公司的情況進行審核，其間如公司不執行計劃，交易所將根據情況是否嚴重，做出是否終止上市的決定。

（6）8 個月結束後，如公司仍不符合上市標準，交易所將通知公司其股票終止上市，並通知公司有申請聽證的權利。

（7）如聽證會維持交易所關於終止公司股票上市的決定，交易所將向 SEC 提出申請。

（8）SEC 批准後，公司股票正式終止交易。

7.1.2.2 東京證券交易所退市制度

東京證券交易所對上市公司退市處理上，採用了初步退市的方法：當發現上市公司不低於上市標準時，首先對其進行特別處理（類似中國的 ST 制度），並要求其在限期內重新達到上市標準，如果在限期內仍未達到上市標準，則對其交易進一步限制（類似中國的 PT 制度），如果仍未改善則將其摘牌。

7.1.2.3 香港聯合交易所退市制度

（1）第一階段：在停牌後的 6 個月內，公司須定期公告其當前狀況。

（2）第二階段：第一階段結束後，如公司仍不符合上市標準，交易所向公司發出書面通知，告知其不符合上市標準，並要求其在 6 個月內，提供重整計劃。

（3）第三階段：第二階段結束後，如公司仍不符合上市標準，交易所將發出公告，聲明公司因已無持續經營能力，將面臨退市，並向公司發出最後通牒，要求其在一定期限內（一般是 6 個月），再次提交重整計劃。

（4）第四階段：第三階段結束後，如公司沒有提供重整計劃，則交易所宣布公司退市。

7.1.2.4 強制退市退市制度評述

從上面的程序可以看到香港聯合交易所要終止上市公司的上市前後要經歷

12個月。而紐約證券交易所要做出決定，最長要經歷22個月。三大交易所的退市程序都具有明確的階段性，且每個階段都有時間限制。香港聯合證券交易所在退市之前還有一個停牌的緩衝階段，給予了上市公司一個重新整頓經營的機會。

不管從退市標準還是其程序看，三大交易所在處理上市公司退市上都享有相當大的權利。例如，香港聯合證券交易所有直接終止上市的權利，無須證券監管委員會的批准（權利的保證引證：香港聯合交易所《上市規則》6.04條）；紐約證券交易所上市規則802.01條規定了上市公司退市的具體標準，同時指出，即使公司符合這些具體標準，在某些情況下，交易所仍有權對它認為不適合繼續交易的公司做出終止上市的處理。與香港地區不同的是，美國《1934年證券交易法》規定，交易所在做出終止上市的決定之前，必須報請美國證券交易委員會（SEC）批准。證券交易所對上市公司退市監管享有相當多的權利，使交易所能夠更好地發揮一線監管的職能以及提高監管的效率。這更能體現交易所和上市公司是平等的法律主體的特徵。因為公司股票在交易所上市是一種契約關係，那麼公司和交易所就是平等的法律主體，公司上市和退市都必須遵守雙方所簽訂的上市協議，進而讓交易所制定退市條件才是合情合理的，這樣不至於使得退市的條件呆板和可操作性差。

7.2 主動退市

各國的上市公司主動退市制度中，德國的主動退市制度具有代表性，因此本書僅對其進行介紹。

7.2.1 德國主動退市的法律框架

《德國證券交易所法》第43條第4款和第75條第3款是關於主動退市制度的基本規定。其中第43條第4款針對在正式市場掛牌的上市公司，第75條第3款則針對在被管制市場掛牌的上市公司。《德國證券交易法》第43條第4款第1句規定證券交易所上市許可機構可以依據發行人的申請撤銷上市許可。但是該款第2句對證券交易所上市許可機構撤銷上市許可進行了限制，即撤銷上市許可不得違反對投資者予以保護的核心。該條款第5句則授權證券交易所可以在其交易所規章中對該款的原則性規定予以具體化。法蘭克福證券交易所在其交易所規章的第54a條對主動退市的條件和生效期限等進行了具體的規

定。德國其他的證券交易所也在其交易所規章中有相似的規定。

7.2.2 德國主動退市的形態

德國主動退市的形態包括：部分退市、降級、從所有本國的證券交易市場退出、從所有的本國和外國證券交易所退出。各種形態的具體規定如下：

（1）部分退市。上市公司向其公司股票掛牌的一個或者多個證券交易所申請退市，但是，公司股票仍然在本國的至少一個證券交易所上市交易。

（2）降級。上市公司將其在高級別的證券市場掛牌交易的股票轉到低級別的證券市場掛牌交易。例如，從正式市場降級到被管制的市場。

（3）上市公司的股票交易從所有的本國證券交易市場退出，但仍繼續在至少一個外國的相當等級的證券交易市場上市交易。所謂相當等級是指該外國的證券交易市場以及有關政府主管機構對於發行人的通知義務及信息披露義務有與德國證券交易所相當的規定，同時，該外國證券交易市場對股價的形成進行適當的監管。另外，德國立法還規定，上市公司從所有的本國證券交易市場退出必須有較高的利害關係，例如，為避免外國公司的敵意併購。因為外國公司的敵意併購若造成股票跨國交易費用的增加，將被視為違反《法國證券交易所法》第43條第4款的限制條件，對投資者的利益造成損害。目前，歐洲各國證券交易所正致力於合作建立統一的證券交易市場，以降低股票跨國交易的費用。在實踐中，由於歐洲各國證券交易所在信息公開和股價形成方面趨於一致，而且美國發達的證券交易制度對投資者的保護制度也與德國相當，因此，若上市公司至少在一家歐洲國家的證券交易所或者美國的證券交易所仍掛牌上市，且發行人有事實理由主張將其公司從所有本國的證券交易所摘牌對其公司具有較高的利害原因，則上市公司的退市申請就不視為對投資者的保護造成妨害。

（4）上市公司從所有的本國和外國證券交易所退出。該種方式投資者的利益將受到損害。首先，股票的轉讓受到限制；其次，上市公司從交易所退市將大大減少其通知義務、信息披露義務及年度結算審計義務等。因此，發行人應以一定的形式保護投資者的利益，並補償投資者的損失。

7.2.3 法蘭克福證券交易所規章中有關主動退市的具體規定

根據《德國證券交易所法》第43條第4款第5句的授權，法蘭克福證券交易所在其交易所規章的第54a條對退市的條件和生效期限等進行了具體的規定。德國其他的證券交易所也在其交易所規章中有相似的規定。

（1）主動退市的條件。依照法蘭克福證券交易所規章的第54a條第1段的規定，在以下情況下，將認為上市許可的撤銷不會違反對投資者權益的保護：

①如果在退市生效後，其公司的股票仍然可以在一家本國的或者外國的依照《德國證券交易所法》第2條第5款被視為是有組織的證券交易市場上進行交易，則其上市許可的撤銷不會違反對投資者權益的保護。此規定適用於「部分退市」「降級」（包括從正式市場降級到被管制市場或者一家外國的與被管制市場同級的證券交易市場）及公司股票從所有本國證券市場退出，但仍在一家有相當登記得有組織的外國證券交易所繼續上市的情況。依照《德國證券交易所法》第2條第5款的規定，有組織的證券交易市場包括正式市場、被管制市場和新市場，但不包括自由交易市場。外國的證券交易市場具有與德國正式市場或者被管制市場相當的有關信息披露和通知義務以及股價形成的規定和監管制度的，被視為有相當等級的有組織的證券交易市場。

②在全部退市的情況下，如果上市公司向股票持有人發出買受要約，而買受要約的股價應與撤銷上市許可申請提出前六個月中的最高股價處於適當的比例，則其上市許可的撤銷將不被視為違反對投資者的保護。法蘭克福證券交易所規章的出發點是使對投資者的保護通過保證股票的流通得以實現。

（2）主動退市的生效期限。在部分退市的情況下，撤銷上市許可的決定在公布後立即生效；在從德國本國全部退市而仍在一家外國證券交易市場掛牌的情況下，則撤銷上市許可在公布之日起的6個月之後生效；在全部退市的情況下，則撤銷上市許可自決定公布之日起一年之後生效。證券交易所上市許可機構可以根據發行人的申請縮短上述第2種和第3種情況的撤銷上市許可生效期限。

（3）其他規定。發行人應當出具其滿足撤銷上市許可各種條件的證明。上市許可機構可以要求發行人提供其他必要的聲明和文件。若在撤銷上市許可公布後至許可生效前，發行人的可允許撤銷上市許可的條件不復存在，則上市許可機構可以撤銷其決定。

8 全球主要證券交易所的監管質量評價及其影響因素的實證研究

證券交易所監管上市公司的質量高低是其發揮一線監管作用的最直接體現，如何提升證券交易所的監管質量，有效發揮其一線監管的作用是當前證券市場監管的一個十分重要的課題。如何評估證券交易監管的質量，以及一國的證券市場監管模式及監管制度體系、證券交易的組織形式等是否對證券交易監管質量產生影響？這些問題的答案對一國或地區完善或改革證券市場監管制度具有重大的意義。為此，本章構建了證券交易所監管質量的評價指標體系和評估方法，建立了包含證券市場監管模式、證券交易的組織形式在內的影響證券交易監管質量的實證模型，選取全球主要證券交易所為樣本，實證分析了證券交易的組織形式、證券市場監管的模式對證券交易所監管質量的影響是否存在差異。

8.1 證券交易所監管質量評價指標體系的構建

8.1.1 構建證券交易所監管質量評價指標體系的原則

證券交易所監管質量評價指標體系是度量和反應證券交易所監管上市公司效率、質量的工具。為了使這些指標有效而可信，且由此刻畫和測算出來的結果能夠直觀、客觀、科學地反應影響證券交易所監管質量的因素，本章按照系統論觀點和系統分析的方法來選擇和構建證券交易所監管質量評價指標體系，力求指標體系能夠全面反應不同組織形式、監管模式與體系、監管制度的完備性下的證券交易所的實際特徵。此指標體系立足於現有的統計指標，並根據研究的實際需要構建一些新的指標，使得其在實際的應用過程中更加簡單方便、

操作性更強。具體地，指標體系的構建要遵循以下6項原則：客觀性原則、系統性原則、可行性原則、可操作性原則、戰略性原則、可比性原則。其中，系統性原則是指所建立的評價指標體系能夠涵蓋中國證券市場發展的基本特徵和整體狀態；有效性原則是指所建立的評價指標體系要符合進行評價對象的結構與狀況，能合理地反應證券市場的結構特徵；可操作性原則是指評價指標體系的設計在遵循系統性原則的基礎上，要保證數據資料的可獲得和可量化，且評價指標應盡可能簡化，不宜過多。

8.1.2 證券交易所監管質量評價指標體系

根據全球主要證券交易所監管上市公司的實踐，並充分考慮所選的評價指標體系的普適性，本章從對上市公司監管的完備性、及時性、有效性3個維度來檢驗證券交易所監管上市公司的質量狀況。而每一維度又有若干子指標體系構成（如表8.1所示）。

表8.1　　　　　　證券交易所監管質量評價指標體系表

維度	第一層級	衡量指標	測度方式說明
監管的完備性	完備性指數	證券交易所監管完備性指數(X_1)	詳見表8.2 證券交易所監管完備性指數測度表
監管的及時性	及時發現	報警次數(X_2)	
		異常交易調查數(X_3)	
		問詢函次數(X_4)	
	及時報告	配合監管部門完成的調查數(X_5)	
		提請證監會（上級部門）立案調查數(X_6)	
		完成監管分析報告數(X_7)	
	及時制止	營業部電話提醒數(X_8)	
		約見會員公司高管人員談話數(X_9)	
		警示函數(X_{10})	
		停牌處理數(X_{11})	
		凍結帳戶交易數(X_{12})	
監管的有效性	總體有效性	內幕交易識別率(X_{13})	內幕交易識別率用事件研究法
		市場操縱甄別率(X_{14})	市場操縱甄別率用Logistic模型
	預警有效性	預警有效比(X_{15})	預警系統報警的證券數占總交易證券數的比

（1）監管的完備性。監管的完備性是指證券交易所監管上市的規則是否完全涵蓋了現行的相關的法律法規，即證券交易所是否按照現行的相關的法律法規制定或建立自身監管上市公司的規則和要求。故證券交易所監管的完備性是證券交易日常進行合規監管的基礎。本書用證券交易所監管完備性指數來衡量監管的完備性，並構建證券交易所監管完備性測度表（如表 8.2 所示）來測度該指數。具體地，根據相應一國或地區證券市場監管的法規，將這些法規分為對參與者的監管、對內幕交易的監管、對市場操作的監管、對虛假信息的監管、對異常交易的監管、對異常波動的監管 6 個方面，而這 6 方面各涵蓋了若幹法規相應的規定與要求。對於某項具體要求和規定，證交所的監管規則涵蓋了該要求與規定，賦值 1 分，否則記為 0 分，累計這 6 個方面的得分，作為證券所監管完備性指數水平（如表 8.2 所示）。

表 8.2　　　　　　　　證券交易所監管完備性指數測度表

法規監管分類	證券市場法規監管的具體要求	得分
對參與者的監管要求	對持股比例 5% 以上股東買賣股票的要求（例如，上市公司董事、監事、高級管理人員、持有上市公司股份 5% 以上的股東買賣要求）	
	共同持股變化的要求（例如，通過證券交易所的證券交易，投資者持有或者通過協議、其他安排與他人共同持有股份達到 5% 時，及之後每增加或者減少 5% 時的要求）	
	對內幕信息知情者的要求（例如，禁止證券交易內幕信息的知情人和非法獲取內幕信息的人利用內幕信息從事證券交易活動）	
	仲介機構及其從業人員的參與證券交易的要求（例如，投資諮詢機構及其從業人員從事證券服務業務不得買賣本諮詢機構提供服務的上市公司股票的行為）	
	要約收購限制的要求	
	會員自營投資限制的要求	
	會員的其他行為（例如，會員可能影響證券交易價格或者證券交易量的異常交易行為）	
	做市商規範與要求	
	參與者基金持有、買賣限制的要求	

表8.2(續)

法規監管分類	證券市場法規監管的具體要求	得分
對內幕交易的監管要求	內幕交易行為的界定（例如，內幕人、內幕信息、內幕交易行為）	
	內幕交易行為的監管要求（例如，禁止證券交易內幕信息的知情人和非法獲取內幕信息的人利用內幕信息從事證券交易活動。對上市公司董事、監事及高管人員開設的股票帳戶的交易情況進行監控）	
對市場操縱監管要求	單獨或者通過合謀，集中資金優勢、持股優勢或者利用信息優勢聯合或者連續買賣，操縱證券交易價格或者證券交易量	
	與他人串通，以事先約定的時間、價格和方式相互進行證券交易，影響證券交易價格或者證券交易量	
	在自己實際控制的帳戶之間進行證券交易，影響證券交易價格或者證券交易量	
	行為人的行為致使證券交易價格異常或形成虛擬的價格水平，或者行為人的行為致使證券交易量異常或形成虛擬的交易量水平	
	連續交易操縱的規定	
	約定交易操縱的規定	
	洗售操縱認定的規定	
	蠱惑交易操縱的規定	
	搶帽子交易操縱的規定	
	虛假申報操縱的規定	
	特定時間的價格或價值操縱的規定	
	尾市交易操縱的規定	
對異常交易/申報的監管	異常交易的界定（例如，可能對證券交易價格產生重大影響的信息披露前，大量買入或者賣出相關證券；委託、授權給同一機構或者同一個人代為從事交易的證券帳戶之間，大量或者頻繁進行互為對手方的交易）	
	異常交易的申報要求（例如，大筆申報、連續申報或者密集申報，以影響證券交易價格；頻繁申報或頻繁撤銷申報，以影響證券交易價格或其他投資者的投資決定）	
	異常交易的即時監管要求	
	重大異常交易情況的證券帳戶限制規定	
對異常波動的監管	異常波動交易的界定	
	異常交易的即時監管要求	

表8.2(續)

法規監管分類	證券市場法規監管的具體要求	得分
對虛假信息的監管要求	虛假信息的界定規定	
	虛假信息的散布者的監管要求（例如，禁止國家工作人員、傳播媒介從業人員和有關人員編造、傳播虛假信息，擾亂證券市場；禁止投資諮詢機構及其從業人員利用傳播媒介或者通過其他方式提供、傳播虛假或者誤導投資者的信息；禁止任何公共媒體出現或者在市場上流傳可能對基金交易價格產生誤導性影響或者引起較大波動的消息）	

（2）監管的及時性。證券交易所監管的及時性是指證交所作為一線監管發現異常交易並採取相應自律監管措施、及時上報上級監管部門的速度或效率。監管的及時性是證交所監管的基本要求，是其一線監管作用的重要體現。為此，為更好刻畫該維度，將監管的及時性細化為3個方面：及時發現、及時報告、及時制止。及時發現方面用報警次數、異常交易調查數、問詢函次數3個指標給予衡量；及時報告方面由配合監管部門完成的調查數、提請證監會（上級部門）立案調查數、完成監管分析報告數3個指標反應；及時制止方面用營業部電話提醒數、約見會員公司高管人員談話、警示函數、停牌處理數、凍結帳戶交易數5個指標進行測度。

（3）監管的有效性。證券交易監管的有效性是反應監管的效果，是指監管是否能準確或有效發現違規行為。本書從總體有效性、預警指標有效性兩個方面反應。預警指標有效性則根據證券交易所的預警系統報警的證券數占總交易證券數的比重來衡量。為了方便闡述和實證分析，本書將該指標命名為預警有效比。總體有效性分別用內幕交易識別率、市場操縱甄別率來進行衡量。

①內幕交易識別率的測度。選取樣本期間（詳見下文樣本指標及其相關說明）上市公司重要信息披露事件為樣本，運用事件研究法對重要信息披露的窗口期的異常計收益率比來甄別內幕交易，再將該樣本期間內幕交易實際查處數與用事件研究法識別的內幕交易數相比，所得比值為內幕交易識別率。其中，事件研究法甄別內幕交易的思路和步驟如圖8.1所示。事件研究法中事件的窗口期界定如下：本書將事件日界定為公司重大事件或事項的披露日或公告日，記為T_0，若該時間點為非交易日，則將其隨後的第1個交易日定義為事件日。為評估公司重大事件或事項對其股價的影響，需設定重大事件或事項對該公司股票的影響期間，該期間為事件窗口期，記為 $[T_{-1}, T_{+1}]$。值得說明的是，事件窗口期的長短對研究結果有著十分重要的影響。若事件窗口期選擇過短，不能全面地考察重大事件或事項對該公司股票價格的反應；若事件窗口期

選定過長，雖然能觀測到重大事件或事項對股票價格的反應，但窗口期過長會有更多「噪音」的影響，無法準確確定股價的反應是否完全來自於重大事件或事項的影響。除了選定事件窗口期，還需要設定事件估計期（亦稱「清白期」），估計期又分為事件前估計期、事件之後估計期，分別記為 [T_{-2}, T_{-1})、(T_{+1}, T_{+2}]，估計期的設定是用於估計不發生該重大事件或事項時股票的預期收益率、股票波動性及流動性情況，與窗口期的收益率、波動性和流動性形成對比。估計期、事件窗口期的關係如圖8.2所示。

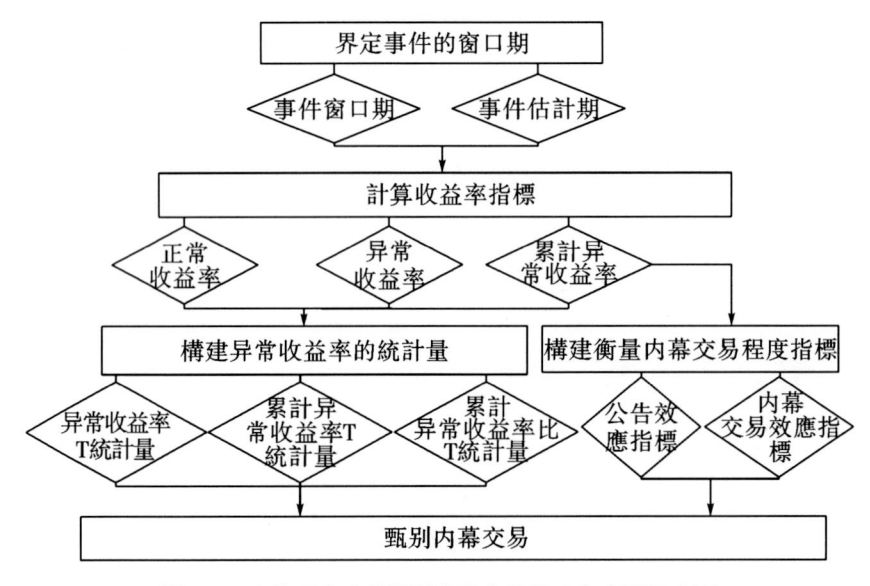

圖8.1 事件研究法的甄別內幕交易思路與步驟示意圖

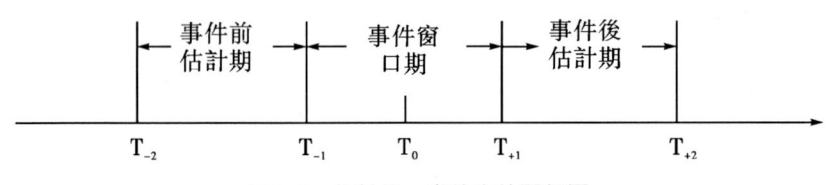

圖8.2 估計窗、事件窗的關係圖

內幕交易識別的具體思路（異常收益率的計量及其統計檢驗設計）如下：

第一步，選擇收益的替代指標並計算實際收益率。本書用收益率來反應正常收益和異常收益的情況。收益率的計算模型和方法很多，從現有的相關文獻看，大部分研究採用對數收益率作為收益率的代替指標①。為此本書也採用對

---

① 對數收益率能很好地滿足正態分佈特徵的要求，便於進行相應的統計檢驗。

數收益率來反應正常收益和異常收益的情況。具體地，第 t 日的個股的實際收益率 $R_{i,t}$、市場收益率 $R_{m,t}$ 為：

$$R_{i,t} = \ln p_{i,t} - \ln p_{i,t-1} = \ln \frac{p_{i,t}}{p_{i,t-1}} \quad \cdots\cdots(8.1)$$

$$R_{m,t} = \ln p_{m,t} - \ln p_{m,t-1} = \ln \frac{p_{m,t}}{p_{m,t-1}} \quad \cdots\cdots(8.2)$$

其中，$p_{i,t}$、$p_{i,t-1}$ 分別表示個股票 t 日、$t-1$ 日的收盤價；$p_{m,t}$、$p_{m,t-1}$ 分別表示市場 t 日、$t-1$ 日的市場收益率。在下文實證中，若涉及的樣本股票在上海證券交易所上市的，其市場收益率用上證綜合指數刻畫；若涉及的樣本股票在深圳證券交易所上市的，其市場收益率用深成指代替。

第二步，計算正常收益率。正常收益率又稱為預期收益率，現有文獻一般採用以下 4 種方法來計量正常收益率：市場調整法、均值調整法、不變收益模型法以及 CAPM 模型法。其中，CAPM 模型法由於充分考慮了與市場風險和平均收益等相關因素的影響，在理論上更加完備，故選用該模型法的學者要遠多於選擇其餘 3 種方法的學者。本書也採用 CAPM 模型法來來估計樣本股票在的正常收益率。具體地：

選取事件前估計期（T_{-2}，T_{-1}）期間的個股每天收益率 $R_{i,t}$、每天的市場收益率 $R_{m,t}$ 為樣本，對 CAPM 模型進行最小二乘估計（OLS），即：

$$R_{i,t} = \alpha_i + \beta_i R_{m,t} + \varepsilon_{i,t} \quad \cdots\cdots(8.3)$$

其中，$\varepsilon_{i,t}$ 為隨機干擾項，$\varepsilon_{i,t} \sim N(0, \delta^2)$。公式（8.3）進行最小二乘估計，獲得 α_i、β_i 的樣本估計值 $\hat{\alpha}_i$、$\hat{\beta}_i$，並將事件窗口期 [T_{-1}，T_{+1}] 期間的市場收益率 $R_{m,t}$ 帶入樣本迴歸方程（8.4）式，獲得事件窗口期 [T_{-1}，T_{+1}] 每天的正常收益率 $\hat{R}_{i,t}$，即：

$$\hat{R}_{i,t} = \hat{\alpha}_i + \hat{\beta}_i R_{m,t} \quad \cdots\cdots(8.4)$$

第三步，計算個股的異常收益率。用事件窗口期 [T_{-1}，T_{+1}] 每天收益率 $R_{i,t}$ 減去估計的正常收益率 $\hat{R}_{i,t}$，可得個股 i 在事件窗口期的異常收益率 $UR_{i,t}$，即：

$$UR_{i,t} = R_{i,t} - \hat{R}_{i,t} \quad \cdots\cdots(8.5)$$

第四步，計算個股累計異常收益率。將個股 i 在事件窗口期 [T_{-1}，T_{+1}] 每天的異常收益率 $UR_{i,t}$ 進行疊加獲得個股 i 的累計異常收益率 $TUR_{i,t}$，即：

$$TUR_{i,t} = \sum_{t=T_{-1}}^{T_{+1}} UR_{i,t} \quad \cdots\cdots(8.6)$$

第五步，構造異常收益率 $UR_{i,t}$、累計異常收益率 $TUR_{i,t}$ 統計量並進行統

計檢驗甄別內幕交易。首先，構造股票異常收益率 $UR_{i,t}$ 的 T 統計量來檢驗在給定的顯著性水平下是否顯著異於 0，進而來判斷所研究的重大事件或事項是否對股票收益率產生了影響。具體地：

據式（8.3）最小二乘估計（OLS）的前提假設是隨機干擾項 $\varepsilon_{i,t} \sim N(0, \delta^2)$，故以此為基礎計量出的異常收益率 $UR_{i,t}$ 也服從正態分佈 $UR_{i,t} \sim N(0, \delta_i^2)$。其中個股 i 的均值 $\overline{UR_i} = 0$，樣本標準差 $\hat{\delta}_i$ 為：

$$S = \hat{\delta}_i = \sqrt{\frac{UR_{i,t}^2}{n-2}} \quad \cdots\cdots(8.7)$$

其中，n 為樣本容量，這表明樣本總體均值已知、標準方差未知，為此可構造異常收益率 $UR_{i,t}$ 的 T 統計量：

$$T_{UR} = \frac{UR_{i,t} - \overline{UR_i}}{S} = \frac{UR_{i,t}}{S} \quad \cdots\cdots(8.8)$$

根據式（8.8），構建以下假設檢驗來確定事件的發生是否會對股票價格產生影響和是否存在內幕交易行為：

H_0：$UR_{i,t} = 0$，重大事件或事項未對股票價格產生影響，即重大事件或事項並未洩露，不存在內幕交易行為。

H_1：$UR_{i,t} \neq 0$，重大事件或事項對股票價格產生了影響，即重大事件或事項提前洩露，存在內幕交易行為。

根據式（8.7）、（8.8）計算異常收益率 $UR_{i,t}$ 的 T 統計值，在給定的顯著性水平 α 下，差 T 分佈表獲得 $T_{\alpha/2}$。若異常收益率 $UR_{i,t}$ 的 T 統計值 $> T_{\alpha/2}$，拒絕原假設 H_0，接受備擇假設 H_1，表明重大事件或事項對股票價格產生了影響，即重大事件或事項提前洩露，存在內幕交易行為；若異常收益率 $UR_{i,t}$ 的 T 統計值 $< T_{\alpha/2}$，接受原假設 H_0，表明重大事件或事項未對股票價格產生影響，即重大事件或事項並未洩露，不存在內幕交易行為。

由於 $UR_{i,t} \sim N(0, \delta_i^2)$，故正態分佈變量的累計和仍服從正態分佈，故累計異常收益率 $TUR_{i,t} \sim (0, \frac{(T_{+1} - T_{-1} + 1)\sum \hat{\delta}_i^2}{n-2})$。據此也可構造累計異常收益率 $TUR_{i,t}$ 的 T 統計量：

$$T_{TUR} = \frac{TUR_{i,t} - \overline{TUR_i}}{S} = \frac{TUR_{i,t}}{\sqrt{\frac{(T_{+1} - T_{-1} + 1)\sum \hat{\delta}_i^2}{n-2}}} \quad \cdots\cdots(8.9)$$

根據式（8.9），構建以下假設檢驗來確定事件的發生是否會對股票價格

產生影響和是否存在內幕交易行為：

H_0：$TUR_{i,t} = 0$，重大事件或事項未對股票價格產生影響，即重大事件或事項並未洩露，不存在內幕交易行為。

H_1：$TUR_{i,t} \neq 0$，重大事件或事項對股票價格產生了影響，即重大事件或事項提前洩露，存在內幕交易行為。

根據式（8.7）、(8.9）計算異常收益率 $TUR_{i,t}$ 的 T 統計值，在給定的顯著性水平 α 下，差 T 分佈表獲得 $T_{α/2}$。若累計異常收益率 $TUR_{i,t}$ 的 T 統計值> $T_{α/2}$，拒絕原假設 H_0，接受備擇假設 H_1，表明重大事件或事項對股票價格產生了影響，即重大事件或事項提前洩露，存在內幕交易行為；若累計異常收益率 $TUR_{i,t}$ 的 T 統計值<$T_{α/2}$，接受原假設 H_0，表明重大事件或事項未對股票價格產生影響，即重大事件或事項並未洩露，不存在內幕交易行為。

第六步，構建累計異常收益率比指標及其統計量。為了進一步判斷是否存在內幕交易行為，在第五步的基礎上，再設計累計異常收益率比，構建其統計量並進行顯著性檢驗。具體地，將事件窗口期 $[T_{-1}, T_{+1}]$ 內的重大事件或事項公告日 T_0 前 d 天的累計收益率 $TUR_{i,-d}$ 與重大事件或事項公告日 T_0 後 d 天的累計收益率 $TUR_{i,+d}$ 相比，得到累計異常收益率比指標 $RTUR_{i,t}$：

$$TUR_{i,-d} = \sum_{t=T_0-1}^{-d} UR_{i,t} \ ; \quad TUR_{i,+d} = \sum_{t=T_0+1}^{d} UR_{i,t}$$

$$RTUR_{i,t} = \frac{TUR_{i,-d}}{TUR_{i,+d}} \quad \cdots\cdots(8.10)$$

根據式（8.10）可知，若 $|RTUR_{i,t}| > 1$，表明則說明事件在公布日之前股票市場的反應程度要大於公布日之後股市的反應程度，即表明存在信息洩露，可進一步證實內幕交易的存在性。如何判斷或檢驗 $|RTUR_{i,t}| > 1$，本書通過構建 $RTUR_{i,t}$ 的 T 統計量來進行檢驗。由於 $UR_{i,t} \sim N(0, \delta_i^2)$，故正態分佈變量的累計和仍服從正態分佈，則累計異常收益率 $TUR_{i,-d}$、$TUR_{i,+d}$ 也服從正態分佈，故 $RTUR_{i,t} \sim N(1, \frac{d\sum \hat{\delta}_i^2}{n-2})$，為此構建如下 $RTUR_{i,t}$ 的 T 統計量：

$$T_{TUR} = \frac{RTUR_{i,t} - \overline{RTUR_i}}{\sqrt{\frac{d\sum \hat{\delta}_i^2}{n-2}}} = \frac{RTUR_{i,t} - 1}{\sqrt{\frac{d\sum \hat{\delta}_i^2}{n-2}}} \quad \cdots\cdots(8.11)$$

根據式（8.11），$RTUR_{i,t}$ 的 T 統計量的假設檢驗為：

H_0：$|RTUR_{i,t}| = 1$，重大事件或事項未對股票價格產生影響，即重大事件或事項並未洩露，不存在內幕交易行為。

H_1：$|RTUR_{i,t}| > 1$，重大事件或事項對股票價格產生了影響，即重大事件或事項提前洩露，存在內幕交易行為。

第七步，構建衡量內幕交易程度指標。為了進一步檢驗內幕交易的程度，在第五步、第六步的基礎上，構建重大事件或事項的公告效應 ACTUR 指標、內幕交易程度 ETUR 指標。公告效應 ACTUR 指標是重大事件或事項公告日前1天和後1天的累計異常收益率 $TUR_{i,t}(T_0 - 1, T_0 + 1)$ 與事件窗口左端時間點到公告日後一天的累計收益率 $TUR_{i,t}(T_{-1}, T_0 + 1)$ 之比：

$$ACTUR_{i,t} = \frac{TUR_{i,t}(T_0 - 1, T_0 + 1)}{TUR_{i,t}(T_{-1}, T_0 + 1)} \quad \cdots\cdots(8.12)$$

式（8.12）的 $ACTUR_{i,t}$ 衡量和反應了異常收益率中因重大事件或事項的公告引致的收益占的比重有多大。若該比值很大，則表明 $TUR_{i,t}(T_{-1}, T_0 + 1)$ 中的大部分收益是由重大事件或事項的公告產生的，內幕信息提前洩露的比較少或為提前洩露；若該比值很小，意味著重大事件或事項發布對股價影響很小，信息在披露前就已經洩露。

內幕交易程度 $ETUR_{i,t}$ 為 $TUR_{i,t}(T_{-1}, T_0 - 1)$ 與事件窗口期間累計收益率最大值 $MaxTUR_{i,t}$ 的比：

$$ECTUR_{i,t} = \frac{TUR_{i,t}(T_{-1}, T_0 - 1)}{MaxTUR_{i,t}} \quad \cdots\cdots(8.13)$$

式（8.13）中 $ETUR_{i,t}$ 比值反應了股價波動所帶來的異常收益中有多大比重是發生在重大事件或事項公告之前。若該比值越大，意味著內幕信息在公告之前提前洩露得越多，內幕交易程度越嚴重。

②市場操縱甄別率的測度。對市場操縱的甄別本書採用 Logistic 模型。事件 Y 發生的條件概率為：

$$P(Y = 1 | Z) = F(Z\lambda) = = \frac{e^{Z\lambda}}{1 + e^{Z\lambda}} \quad \cdots\cdots(8.14)$$

其中，λ 為待估參數，其含義與一般線性模型中的參數的含義相同，表示解釋變量變動一單位時候，被解釋變量變動的幅度為 λ 個單位；P 為事件 Y 發生的概率，當 $P=0$ 表示發生了市場操縱、$P=1$ 表示未發市場操縱。如何選擇有效的甄別指標 Z 是該模型的關鍵。結合市場操縱的特徵與特點，本書選取股票的收益性、流動性、波動性以及其他與市場相關的指標作為市場操縱的甄別指標。其中，事件窗口期的確定方式同事件研究法。

第一步，收益率指標 $\overline{TUR_t}$。公告日前第 t 日的利好或利空樣本股票累計異常收益率的均值，其中 $t \in [T_{-1}, T_0)$，$TUR_{i,t}$ 的計算同上文的事件研究法。

若利好或利空樣本股票的容量為 m，則有：

$$\overline{TUR_t} = \frac{1}{m}\sum_{i=1}^{m} TUR_{i,t} \quad \cdots\cdots (8.15)$$

第二步，流動性指標。相對成交量均值 $\overline{dV_t}$、相對股價均值 $\overline{dp_t}$，計算公式為：

$$\overline{dV_t} = \frac{1}{m}\sum_{i=1}^{m} dV_{i,t} \quad \cdots\cdots (8.16)$$

$$\overline{dp_t} = \frac{1}{m}\sum_{i=1}^{m} dp_{i,t} \quad \cdots\cdots (8.17)$$

其中，$dV_{i,t}$、$dp_{i,t}$ 表示個股 i 在第 t 日的相對成交量、相對股價，其為個股 i 在第 t 天的實際成交量 $V_{i,t}$、實際股價 $p_{i,t}$ 與事件估計期 $[T_{-2}, T_{-1})$ 的平均實際成交量、實際股價的比。其計算方式為：

$$dV_{i,t} = \frac{V_{i,t}}{\frac{1}{T_{-1}-T_{-2}}\sum_{t=T_{-2}}^{T_{-1}-1} V_{i,t}} \quad \cdots\cdots (8.18)$$

$$dp_{i,t} = \frac{p_{i,t}}{\frac{1}{T_{-1}-T_{-2}}\sum_{t=T_{-2}}^{T_{-1}-1} p_{i,t}} \quad \cdots\cdots (8.19)$$

第三步，波動性指標。公告日前第 t 日的利好或利空樣本股票的收益率波動均值水平 $\overline{GARCH_t}$。該指標的具體測算思路為建立個股 i 的收益率 $R_{i,t}$ 的 $GARCH(p, q)$ 模型：

值方程：$R_{i,t} = \alpha + \gamma R_{i,t-1} + \mu_{i,t}$ $\quad \cdots\cdots (8.20)$

方差方程：$\delta_{i,t}^2 = \omega + \beta_1\mu_{i,t-1} + \cdots + \beta_q\mu_{i,t-q} + \theta_1\delta_{i,t-1}^2 + \cdots + \theta_p\delta_{i,t-p}^2 + \varepsilon_{i,t}$ $\cdots\cdots (8.21)$

其中，$R_{i,t}$ 為樣本股票的實際收益率。對於 $GARCH(p, q)$ 階數 p、q 採用 AIC、SC 準則給予確定。若方差方程中 β_i、θ_i 在統計上顯著，個股 i 的收益率波動水平 $GARCH_{i,t}$ 為 $\hat{\delta}_{i,t}^2$。故：

$$\overline{GARCH_t} = \frac{1}{m}\sum_{i=1}^{m} GARCH_{i,t} \cdots\cdots (8.22)$$

第四步，其他市場指標。個股的實際收益率 $R_{i,t}$ 與市場收益率 $R_{m,t}$ 關聯性指標 $\overline{Beta_t}$。$\overline{Beta_t}$ 測算可按照事件研究法中的式（8.3）測算。具體為：

將事件估計期 $[T_{-2}, T_{-1}]$、公告前的事件窗口期 $[T_{-1}, T_0]$ 進行如下劃分 $[T_{-2}, T_{-1}+1]$、$[T_{-2}+1, T_{-1}+2]$、$\cdots$ $[T_{-2}+t, T_{-1}+t+1]$、$\cdots$ $[T_{-2}+T_0-T_{-1}, T_0-1]$，對每個期間運用式（8.3）估計公告前的事件窗口期 $[T_{-1}, T_0]$

個股 i 每天的 $Beta_{i,t}$，則有：

$$\overline{Beta_t} = \frac{1}{m}\sum_{i=1}^{m} Beta_{i,t} \quad\cdots\cdots(8.23)$$

在確定甄別指標 $Z = (\overline{TUR_t}, \overline{dV_t}, \overline{dp_t}, \overline{Beta_t}, \overline{GARCH_t})$ 後，即可對市場操縱行為進行甄別。

8.1.3 證券交易所監管質量水平（指數）評估方法

本書將採用因子分析法對證券交易監管質量水平進行評估與測度。具體地，將因子分析法的原始變量記為：X_1、X_2、……X_p。通過因子分析法提取的公因子記為：Z_1、Z_2、……Z_m，m 表示提取公因子個數。則各因子與原始變量之間的關係可以表示成：將觀測到的 p 個變量記作 X_1、X_2、……X_p，這 p 個變量中的每一個變量總可分解為 p 個成分（另外的 p 個變量），而且 p 個成分能確定地預報 p 個變量（線性變換）。我們感興趣的是從 p 個成分中找到 m 個成分（$p>m$），它們包含了數據的大部分信息，能夠解釋數據的大部分方差，而剩下的 $p-m$ 個成分對方差的影響是微不足道的。而這 m 個成分就是公因子。

根據表 8.1 中的樣本指標，構建以下的證券交易所監管質量的因子分析模型：

$$X_i = a_{i1}Z_1 + a_{i2}Z_2 + a_{ij}Z_j\cdots + a_{im}Z_m + \varepsilon_i \quad\cdots\cdots(8.24)$$

其中，X_i 表示第 i 個指標變量，在本研究中由於選取了 15 個指標，則 $i \in [1, 15]$；Z_j 表示第 j 個公共因子，$j \in [1, m]$，m 為提取的主成分（公共因子）的個數；a_{ij} 因子載荷，亦稱為權重系數；ε_i 表示特殊因子。為了表述方便，將式（8.24）表達為矩陣模式：

$$X = A_m Z_m + \varepsilon \quad\cdots\cdots(8.25)$$

$$X = \begin{bmatrix} X_1 \\ X_2 \\ \vdots \\ X_p \end{bmatrix}; A_m = \begin{bmatrix} \alpha_{11} & \alpha_{12} & \cdots & \alpha_{1m} \\ \alpha_{21} & \alpha_{22} & \cdots & \alpha_{2m} \\ \vdots & \vdots & & \vdots \\ \alpha_{p1} & \alpha_{p2} & \cdots & \alpha_{pm} \end{bmatrix}; Z = \begin{bmatrix} Z_1 \\ Z_2 \\ \vdots \\ Z_M \end{bmatrix}; \varepsilon = \begin{bmatrix} \varepsilon_1 \\ \varepsilon_2 \\ \vdots \\ \varepsilon_p \end{bmatrix}$$

其中，A_m 因子載荷矩陣，$A_m = (\alpha_{ij})_{p \times m} = \hat{A}_m C$，$p$ 為指標變量的個數，即在本章的研究中，p 的取值為 16，$\hat{A}_m$ 為初始因子載荷矩陣，$\hat{A}_m = (\sqrt{\lambda_1} \times \alpha_1$，$\sqrt{\lambda_2} \times \alpha_2$，……$\sqrt{\lambda_m} \times \alpha_m)$，$\lambda_m$，$\alpha_m$ 分別為相應的特徵值和單位特徵向量，$C = (c_{ij})_{m \times m}$ 為 $\hat{A}_m$ 方差最大正交旋轉矩陣，此時，A_m 達到方差最大化；Z_m 為公共因子矩陣；ε 表示特殊因子矩陣，且滿足 $Cov(Z, \varepsilon) = 0$，即特殊因子與公共

因子不相關。

利用表 8.1 中指標的樣本原始數據正向化和標準化後的樣本數據，詳見公式（8.29），通過統計分析得到證券交易所監管質量的公因子個數 m，初始因子載荷矩陣 $\hat{A}_m$ 以及 $\hat{A}_m$ 方差最大正交旋轉矩陣 C，計算出旋轉因子載荷矩陣 A_m，將其 j 列絕對值大的對應變量歸為 Z_j 一類並由此對 Z_j 命名，從而獲得影響證券交易所監管質量的不同公共因子。在獲得上述公共因子後，進一步統計分析各因子的得分。具體地，建立以下因子得分模型：

$$Z_j = \beta_{j1}X_1 + \beta_{j2}X_2 + \beta_{ji}X_j \cdots + \beta_{jp}X_m \quad \cdots\cdots(8.26)$$

根據式（8.26）有得分函數為：

$$Z_j = (A'_m R^{-1})_j X \quad \cdots\cdots(8.27)$$

其中，R^{-1} 特徵值向量逆矩陣。根據式（8.27）就可以得到因子得分，進而得到因子的綜合得分：

$$Z_{綜} = \sum_{j=1}^{m}(v_j/\kappa)Z_j \quad \cdots\cdots(8.28)$$

其中，$\kappa = v_1 + v_2 + \cdots v_m$；$v_j = \sum_{k=1}^{p}\alpha_{kj}$ 為綜合因子的得分系數，根據給系數的大小就可以判斷提取的公因子分別對證券交易所監管質量水平影響大小的情況。同時從上述的分析中也可以得到各樣本證券交易所監管質量的綜合得分，據此也可以進行相關的分析。

值得注意的是，由於因子分析法的原始變量指標量綱差不一致，必須對原始變量指標進行正向化處理和標準化處理。標準化處理方式一般為：

$$x_{ij} = \frac{x_{ij} - \bar{X}_i}{\sqrt{\mathrm{var}(X_i)}} \quad \cdots\cdots(8.29)$$

其中，$i=1, 2, \cdots p$（$p=19$）；$j=1, 2, 3\cdots n$，n 表示子樣本個數。$\bar{X}_i = \frac{1}{n}\sum_{j=1}^{n}x_{ij}$；$\mathrm{var}(X_i) = \frac{1}{n-1}\sum_{j=1}^{n}(x_{ij} - \bar{X}_i)^2$。

同時，由於因子分析法的原始變量指標是從眾多的原始變量中構造出少數幾個具有代表意義的因子變量，這要求原有變量之間要具有內部一致性和比較強的相關性。因此，在進行證券交易所監管質量的因子分析之前，須要對正向化和標準化後的樣本指標的內部一致性和相關性進行檢驗，進而判斷樣本數據是否適宜進行因子分析法，其中樣本指標內部一致性檢驗採用信度檢驗——布朗巴哈 α 系數（Cronbach's Alpha）檢驗，樣本指標間的相關性檢驗採用效度檢驗——KMO and Bartlett 檢驗。布朗巴哈 α 系數（Cronbach's Alpha）檢驗的統計量如下：

$$Cronbach's\alpha = \frac{n}{n-1}(1 - \frac{\sum_{i=1}^{n} S_i^2}{S_X^2}) \quad \cdots\cdots(8.30)$$

式（8.30）中的 n 為樣本指標數，S_i^2 為證券交易所在第 i 指標樣本方差，S_X^2 為證券交易所在所有指標上的方差總和。Cronbach'sα 系數取值在 0 到 1 之間，系數值越大，信度越高，變量指標之間的內部一致性越好。一般地，Cronbach'sα > 0.8 時，為高信度，表明樣本指標的內部一致性好，用於因子分析法具有價值。KMO and Bartlett 檢驗統計量如下：

$$KMO = \sum\sum_{i\neq j}\rho_{ij}^2 / (\sum\sum_{i\neq j}\rho_{ij}^2 + \sum\sum_{i\neq j}\sigma_{ij}^2) \quad \cdots\cdots(8.31)$$

式（8.31）中 ρ_{ij}^2 是指標 i 與 j 之間的相關係數，σ_{ij}^2 是指標 i 與 j 之間的偏相關係數。$KMO \in [0, 1]$，若 0.9 < KMO，表明指標非常適合做因子分析；若 0.8 < KMO < 0.9，則表明指標適合做因子分析；若 0.7 < KMO < 0.8，則表明指標可以做因子分析；否則不適合做因子分析。

8.2 構建證券市場監管模式、證券交易所的組織形式對證券交易所監管質量的影響的計量模型

證券交易所監管質量的高低與其監管資源投入密切相關，但一國或地區的證券市場監管模式、證券交易所的組織形式的選擇是否對其證券交易所監管上市公司的質量產生實質性影響，是一國或地區根據自身證券市場發展實際調整證券交易所的組織形式、改革證券監管模式或制度體系的重要依據。為此，本書在構建證券交易所監管質量的評價指標體系和評估方法的基礎上，建立了包含證券市場監管模式、證券交易的組織形式在內的影響證券交易監管質量的計量模式，重點探討證券市場監管模式、證券交易的組織形式對證券交易所監管質量的影響。

用 Q 表示證券交易所監管的質量水平，其樣本值為前文測度的質量指數值。證券監管的投入方面指標包括監管投入的人力、監管費用兩個方面。監管投入的人力水平用監管人員占交易所工作人員的比例來刻畫，用 HR 表示。監管費用水平選擇監管費用占證券交易所運用費用的比例來反應，用 CS 表示。證券監管模式指標用虛擬變量 MD 表示，根據全球證券市場監管的實踐，將證券市場監管模式分為自律監管模式、政府主導模式。證券交易所所處國家或地區證券市場的監管是自律監管模式的 MD 取值為 1，若為政府主導模式則 MD

取值為0。證券交易所組織形式指標用 OR 表示，全球證交所的組織模式在20世紀80年代以來，經過不斷變革，至今形成了會員制、公司制兩種主要組織模式，若樣本交易的組織形式採用是會員制，OR 取值為0，否則取1表示該樣本證券交易所採用的是公司制。根據指標變量的設計，構建以下的樣本迴歸模型：

$$Q = \hat{\beta}_0 + \hat{\beta}_1 HR + \hat{\beta}_2 CS + \hat{\beta}_3 MD + \hat{\beta}_4 OR + e \quad \cdots\cdots(8.32)$$

其中，$e|X \sim N(0, \delta^2 I)$。$\hat{\beta}_i (i = 0, 1, 2, 3, 4)$ 為樣本估計參數。在給定的顯著性水平下，可判斷每個解釋變量對證券交易所監管質量的影響狀況。

8.3 證券交易所監管上市公司的質量水平的評價分析

8.3.1 樣本選取及其相關指標的說明

樣本證券交易所共36家（如表8.3所示），均為世界交易所聯合會（WFE）的會員。樣本期間為2014年。36家樣本證券交易所中採取會員制組織形式的有3家、公司制組織形式的有33家。指標 $X_1 \sim X_{15}$ 的樣本數據資料來源於 WFE 網站以及各證券交易所網站。

表8.3　　　　　　　　樣本交所及其組織形式

交易所組織形式		數量(家)	交易所名稱
公司制	公開上市交易公司制	18	紐約證券交易所、納斯達克證券交易所、東京證券交易所、雅典證券交易所、澳大利亞證券交易所、巴西證券交易所、西班牙馬德里證券交易所、哥倫比亞證券交易所、墨西哥證券交易所、德國證券交易所、中國香港特別行政區香港聯合證券交易所、約翰內斯堡證券交易所、倫敦證券交易所、菲律賓證券交易所、新加坡證券交易所、多倫多證券交易所、華沙證券交易所、巴黎證券交易所
公司制	可轉讓但未上市的股份制公司制	8	韓國證券交易所、印度國家證券交易所、臺灣股票交易所、伊斯坦布爾證券交易所、孟買證券交易所、奧陸斯證券交易、布達佩斯證券交易所、馬耳他股票交易所
公司制	主要由會員持有的私人優先公司制	7	卡薩布蘭卡證券交易所、瑞士證券交易所、盧森堡證券交易所、特拉維夫證券交易所、印度尼西亞證券交易所、維也納證券交易所、愛爾蘭證券交易所
會員制	協會或會員互助制	3	上海證券交易所、深圳證券交易所、布宜諾斯艾利斯證券交易所

樣本指標 X_{13} 的相應說明。樣本指標 X_{13} 的事件窗口期和事件估計期按照以下方式界定：事件窗口期設定為公告日前 30 至公告日後 30 天，即事件窗口期 $[T_{-1}, T_{+1}]$ 為 $[-30, 20]$；事件前估計期為事件窗口期左右端的前後 120 天，即事件前估計期 $[T_{-2}, T_{-1}]$ 為 $[-150, -30)$，事件後估計期 $(T_{+1}, T_{+2}]$ 為 $(21, 140]$。另外，構建累計異常收益率比 $RTUR_{i,t}$ 中涉及的重大事件或事項公告日 T_0 前、後 d 天，本書將 d 設定為 5，即重大事件或事項公告日 T_0 前、後 5 天。測算指標 X_{13} 的事件樣本為樣本證交所的上市公司當年重大信息披露事項，主要涵蓋年報披露、分配、收購兼併、債務重組、資產轉換、股權轉讓等重大事件。這些重大事件均從 36 家證券交易所網站發布的公告或相應信息梳理而得。

X_{14} 指標的事件樣本按照以下標準進行選擇，股票價格日內超額波動前 15 名的股票。其中，股票價格日內波動 = （日最高價 - 日最低價）/[（日最高價 + 日最低價）/2]。X_{14} 指標樣本的事件窗口期和事件估計期同樣本指標 X_{13}。

8.3.2　樣本指標的因子分析及結果

為節約篇幅，原始變量指標進行正向化處理和標準化處理以及內幕交易識別率 X_{13}、市場操縱甄別率 X_{14} 的具體測度均在此省略。在下文僅給出因子分析法的相應結果和影響證券交易所監管質量的計量分析結果。統計分析的軟件為 spss16.0。

（1）樣本指標的信度與效度檢驗。樣本的信度檢驗如表 8.4 所示，$Cronbach's \alpha = 0.95$，表明樣本指標間的內部一致性很高，證券交易所監管質量評價指標體系適宜做因子分析。表 8.5 給出了樣本的 KMO and Bartlett 檢驗結果。結果顯示 KMO 檢驗值 0.913，在 0.75 以上，且 Bartlett 球度檢驗給出的伴隨概率均小於 0.01 的顯著性水平，拒絕原假設，即變量指標間的相關係數矩陣不是單位矩陣，各變量之間具有較強的相關性，可以進行因子分析。

表 8.4　證券交易所監管質量評價指標的信度檢驗結果

Cronbach's Alpha	N of Items
.950	15

表 8.5　證券交易所監管質量評價指標數據的 KMO and Bartlett's Test

Kaiser-Meyer-Olkin Measure of Sampling Adequacy.		0.913
Bartlett's Test of Sphericity	Approx. Chi-Square	399.74
	df	105
	Sig.	.000

（2）確定因子個數。表 8.6 給出了樣本的「解釋的總方差」及特徵值累計貢獻率，可以看到前 4 個主成分的特徵值大於 1，且它們的累計貢獻率已達 73.006%，即 73% 的總方差可由該 4 個潛在因子解釋，代表性較高，同時沒有變量丟失。在表 8.7 變量的共同度中，每個變量的共性方差均在 0.5 以上，且大多數都超過了 0.7，這也進步說明 4 個公因子能夠較好地放映客觀原始變量的大部分信息。故所選擇的 15 樣本指標因子可降維成此 4 個主成分，故確定公因子數為 4。

表 8.6　樣本分析的解釋總方差（Total Variance Explained）與特徵值

成分	初始特徵值			未經旋轉提取因子載荷平方和			旋轉提取因子載荷平方和		
	總計	方差(%)	累計(%)	總計	方差(%)	累計(%)	總計	方差(%)	累計(%)
1	5.394	35.959	35.959	5.394	35.959	35.959	3.614	24.091	24.091
2	2.647	17.644	53.603	2.647	17.644	53.603	3.355	22.368	46.460
3	1.707	11.383	64.986	1.707	11.383	64.986	2.186	14.573	61.032
4	1.203	8.020	73.006	1.203	8.020	73.006	1.796	11.974	73.006
5	0.840	5.601	78.607						
6	0.762	5.079	83.686						
7	0.647	4.314	88.000						
8	0.527	3.511	91.511						
9	0.440	2.934	94.445						
10	0.329	2.195	96.640						
11	0.186	1.241	97.881						
12	0.157	1.044	98.925						
13	0.106	0.710	99.635						
14	0.046	0.309	99.944						
15	0.008	0.056	100.000						

Extraction Method：Principal Component Analysis.

表 8.7　　　　　　　　　變量的共同度（Communalities）

指標	Initial	Extraction	指標	Initial	Extraction
X_1	1.000	0.908	X_9	1.000	0.673
X_2	1.000	0.857	X_{10}	1.000	0.625
X_3	1.000	0.885	X_{11}	1.000	0.574
X_4	1.000	0.711	X_{12}	1.000	0.601
X_5	1.000	0.655	X_{13}	1.000	0.916
X_6	1.000	0.633	X_{14}	1.000	0.851
X_7	1.000	0.806	X_{15}	1.000	0.726
X_8	1.000	0.531			

　　(3) 給因子命名。將降維後的主成分因子重新命名，命名採用「0.5 原則」和屬性歸納方法。根據表 8.8 旋轉後的因子載荷矩陣第一主成分 F_1 中大於 0.5 的指標為「X_1：證券交易所監管完備性指數」，主要反應的是證券交易所監管法法律法規完備性情況，故把 F_1 命名為「法律法規完備性因子」。第二主成分 F_2 主要包括：「X_{13}：內幕交易識別率」「X_{14}：市場操縱甄別率」「X_{15}：預警有效比」3 項指標，主要反應的是證券交易所監管的效率問題，而該效率的高低與內幕交易、市場詐欺的監管技術與手段息息相關，故命名第二成分 F_2 為「監管技術因子」。第三成分 F_3 主要涵蓋了：「X_2：報警次數」「X_3：異常交易調查數」「X_4：問詢函次數」「X_8：營業部電話提醒數」「X_9：約見會員公司高管人員談話」「X_{10}：警示函數」「X_{11}：停牌處理數」7 項指標。這些指標主要反應證券交易所監管上市公司的日常活動的情況，故把第三成分 F_3 命名為「日常監管效率因子」。而第四個主成分 F4 中值大於 0.5 的有：「X_5：配合監管部門完成的調查數」「X_6：提請證監會（上級部門）立案調查數」「X_7：完成監管分析報告數」3 項指標。這些指標反應的是證券交易所一線監管、微觀監管對政府監管部門的宏觀層面監管支持作用，它們不僅顯示了是證券交易監管的質量與效率，更說明了證券交易所與政府部門的宏觀監管的有機結合的程度，為此把 F4 命名為「宏微觀監管的協作因子」。

表 8.8　　　　　　　　樣本旋轉後的因子載荷矩陣

指標	成分			
	F_1	F_2	F_3	F_4
X_1：證券交易所監管完備性指數	0.942	0.376	0.049	-0.035
X_2：報警次數	0.236	0.09	0.69	-0.002
X_3：異常交易調查數	0.226	0.042	0.612	-0.015
X_4：問詢函次數	-0.123	-0.017	0.523	-0.133
X_5：配合監管部門完成的調查數	-0.18	0.212	0.319	0.689
X_6：提請證監會（上級部門）立案調查數	0.054	0	0.329	0.722
X_7：完成監管分析報告數	0.321	0.317	0.286	0.722
X_8：營業部電話提醒數	0.298	0.206	0.618	0.133
X_9：約見會員公司高管人員談話	0.266	-0.098	0.568	0.057
X_{10}：警示函數	0.006	0.033	0.532	0.474
X_{11}：停牌處理數	-0.060	0.017	0.565	0.026
X_{12}：凍結帳戶交易數	-0.0587	-0.438	0.597	0.161
X_{13}：內幕交易識別率	0.271	0.690	0.026	0.171
X_{14}：市場操縱甄別率	0.322	0.753	0.032	0.423
X_{15}：預警有效比	0.045	0.723	0.032	-0.213

　　(4) 求因子得分函數。主成分因子重新命名後根據因子得分系數矩陣 (Component Score Coefficient Matrix) 可得到證券交易監管上市公司的質量因子 Z_i 的得分函數（如表 8.9 所示），即 $Z_i = b_i'ZX$，其 b_i 為因子得分系數矩陣的第 i 列向量，ZX 為樣本指標標準化後的數據。因子得分函數形式為：Z_1

$$\begin{cases} = 0.785,5ZX_1 - 0.071ZX_2 + \cdots - 0.123X_{15} \\ Z_2 = -0.016ZX_1 + 0.019ZX_2 + \cdots + 0.309,5X_{15} \\ Z_3 = -0.005ZX_1 + 0.313,7ZX_2 + \cdots + 0.099,1X_{15} \\ Z_4 = -0.101ZX_1 - 0.079ZX_2 + \cdots - 0.199X_{15} \end{cases} \cdots\cdots(8.33)$$

表 8.9　樣本因子得分系數矩陣（Component Score Coefficient Matrix）

指標	成分			
	F_1	F_2	F_3	F_4
X_1：證券交易所監管完備性指數	0.7855	−0.016	−0.005	−0.101
X_2：報警次數	−0.071	0.0019	0.3137	−0.079
X_3：異常交易調查數	−0.08	−0.023	0.3284	−0.079
X_4：問詢函次數	0.0072	−0.032	0.4636	−0.249
X_5：配合監管部門完成的調查數	−0.13	0.0629	0.0077	0.395
X_6：提請證監會（上級部門）立案調查數	0.0372	−0.075	0.0694	0.3231
X_7：完成監管分析報告數	0.08	0.0082	0.0086	0.3242
X_8：營業部電話提醒數	0.1505	−0.055	0.1976	−0.019
X_9：約見會員公司高管人員談話	0.0738	−0.132	0.4902	−0.106
X_{10}：警示函數	−0.139	0.2296	−0.12	0.2771
X_{11}：停牌處理數	−0.0202	0.0842	0.2126	−0.043
X_{12}：凍結帳戶交易數	−0.0136	−0.092	0.2718	0.1246
X_{13}：內幕交易識別率	−0.065	0.2744	0.0068	0.0416
X_{14}：市場操縱甄別率	−0.03	0.1957	−0.052	0.2147
X_{15}：預警有效比	−0.123	0.3095	0.0991	−0.199

（5）求綜合因子得分函數。得到證券交易所監管上市公司的質量的單因子的得分函數後，就可以得到證券交易所監管上市公司的質量的綜合得分函數Z，具體地由表8.6解釋的總方差中「旋轉提取因子載荷平方和」中的「方差(%)」的比重作為每個因子的權重系數，即有：

$$Z = 0.240,91Z_1 + 0.223,68Z_2 + 0.145,73Z_3 + 0.119,74Z_4 \quad \cdots\cdots(8.34)$$

（6）各樣本證券交易所監管上市公司的質量水平排名。根據表8.9成分得分系數矩陣和證券交易所監管上市公司的質量得分式（8.34），結合各樣本交易所監管上市公司的質量指標的原始數據標準化後的數據，通過矩陣計算，可測算到各樣本證券交易所監管上市公司的質量的綜合得分，依照綜合分高低排出樣本證券交易所監管上市公司的質量水平的排名（如表8.10所示）。

表 8.10　證券交易所監管上市公司的質量的得分與排位情況

組織形式	交易所名稱	監管質量水平	排位	組織形式	交易所名稱	監管質量水平	排位
公開上市交易公司制	紐約證券交易所	8.175,9	14	可轉讓但未上市的股份制公司制	韓國證券交易所	7.1961	28
	納斯達克證券交易所	8.108,6	15		印度國家證券交易所	7.7428	19
	東京證券交易所	7.824,4	18		臺灣地區股票交易所	7.5814	22
	雅典證券交易所	7.3527	25		伊斯坦布爾證券交易所	7.0822	30
	澳大利亞證券交易所	8.724	2		孟買證券交易所	7.7319	20
	巴西證券交易所	7.516	23		奧斯陸證券交易所	8.2001	13
	西班牙馬德里證券交易所	7.4212	24		布達佩斯證券交易所	7.2011	27
	哥倫比亞證券交易所	7.2429	26		馬耳他股票交易所	7.8519	17
	墨西哥證券交易所	7.6194	21	主要由會員持有的私人優先公司制	卡薩布蘭卡證券交易所	6.9517	31
	德國證券交易所	8.6311	3		瑞士證券交易所	8.4517	5
	中國香港特別行政區香港聯合證券交易所	8.1013	16		盧森堡證券交易所	8.4015	6
	約翰內斯堡證券交易所	8.5903	4		特拉維夫證券交易所	8.3027	8
	倫敦證券交易所	9.026	1		印度尼西亞證券交易所	6.7823	32
	菲律賓證券交易所	6.4816	34		維也納證券交易所	8.2104	12
	新加坡證券交易所	8.3582	7		愛爾蘭證券交易所	8.2625	10
	多倫多證券交易所	8.2259	11	會員制	上海證券交易所	6.1893	35
	華沙證券交易所	6.5527	33		深圳證券交易所	6.1726	36
	巴黎證券交易所	8.2871	9		布宜諾斯艾利斯證券交易所	7.1028	29

根據表 8.10，將不同組織形式的證券交易所的監管質量得分疊加並求其均值，可得到不同組織形式的證券交易所監管質量的排位情況（如表 8.11 所示）。

表 8.11　按照類型來分的科研單位資源配置能力和排名

證券交易所的組織形式	監管質量得分的均值	排位
公開上市交易公司制	7.902	2
可轉讓但未上市的股份制公司	7.573	3
主要由會員持有的私人優先公司	7.909	1
會員制	6.488	4

8.3.3　影響證券交易所監管上市公司質量的因素分析

結合上文關於證券交易所監管上市公司質量的因子分析結果，綜合得出證券交易所監管上市公司的質量的影響因素如下：

（1）證券交易所的法律法規的完備性是影響其監管上市公司的關鍵因素。根據證券交易所監管上市公司的質量綜合得分模型式（8.34），第一因子 F_1 「法律法規完備性因子」的權重系數達 0.240,9，在 4 個主成分中占絕對比重，由此可見，F_1 法律法規完備性因子是影響證券交易所監管上市公司的關鍵因素。根據表 8.2 證券交易所監管完備性指數測度表可知，法律法規的完備性涵蓋了對參與者的監管、對內幕交易的監管、對市場操作的監管、對虛假信息的監管、對異常交易的監管、對異常波動的監管 6 個方面。這 6 個方面缺一不可，否則證券交易所的一線監管、日常監管、微觀監管將缺乏微觀基礎。

（2）證券交易所監管技術是影響證券交易監管質量的重要因素，是證券交易所發揮一線監管、日常監管作用的重要支撐。得分模型式（8.34）中第二因子 F_2 的權重系數為 0.223,68，略低於第一主成分，表明監管技術因子 F_2 對證券交易所監管上市公司的質量有著十分重要的影響。根據表 8.8 可知，因子 F_2 包含指標「X_{13}：內幕交易識別率」「X_{14}：市場操縱甄別率」「X_{15}：預警有效比」3 項指標。同時，表 8.9 中，該三項指標的得分系數分別達到了 0.274,4、0.195,7、0.309,5，在監管技術因子中占絕對比重，表明監管技術水平的高低對證券交易所監管質量有著十分重要的影響，是證券交易所發揮一線監管、日常監管作用的重要支撐。

（3）日常監管效率是影響證券交易所監管質量的另一重要因素，日常監管效率是證券交易所日常監管水平的直接體現。得分模型（8.34）式中第三因子 F_3 的權重系數達 0.145,73，顯示了日常監管效率對證券交易所監管質量的影響也扮演著比較重要的角色。由表 8.8 可知，因子 F_3 主要涵蓋了：「X_2：報警次數」「X_3：異常交易調查數」「X_4：問詢函次數」「X_8：營業部電話提醒數」「X_9：約見會員公司高管人員談話」「X_{10}：警示函數」「X_{11}：停牌處理數」「X_{12}：凍結帳戶交易數」8 項指標。根據表 8.9，這些指標的得分系數也比較高，表明日常監管的效率水平對證券交易所的監管質量有著比較重要的影響，是證券交易所日常監管作用的具體體現。

（4）是否與政府部門的宏觀監管形成有效支撐，是評價證券交易所對上市公司的監管質量的不可忽略的因素。得分模型式（8.34）中第四因子 F_4 的權重系數為 0.119,74，表明該因子亦是評價證券交易所監管質量的重要因素。

根據表 8.8，該因子涵蓋了「X_5：配合監管部門完成的調查數」「X_6：提請證監會（上級部門）立案調查數」「X_7：完成監管分析報告數」3 項指標。這些指標均是體現證券交易在既定的監管模式下對政府部門的宏觀監管的支撐作用，且該 3 項指標的得分系數分別為 0.395、0.323,1、0.324,2（如表 8.9 所示），也顯示了這些日常監管、微觀監管對政府部門的宏觀監管具有十分重要的貢獻。可見，評價證券交易所的監管質量水平的高低，不僅僅考慮其自身的法律法規的完備性、監管技術水平等因素，還要考察證券交易所的一線監管、日常監管、微觀監管是否能真正對政府的宏觀層面的監管起到有效支撐。

8.4 證券市場的監管模式、證券交易所的組織形式對證券交易所監管上市公司的質量水平的影響的實證分析

通過因子分析法考察影響證券交易所監管上市公司的質量水平狀況的有關因素，是基於微觀層面從證券交易所自身的法律法規的制定、監管技術的建設等內部因素進行的分析。而考察證券市場的監管模式、證券交易所的組織形式對證券交易監管上市公司的質量的影響，主要是基於外部影響因素，是研究這些模式或組織形式的選擇是否對證券交易監管質量會產生差異性影響。

8.4.1 樣本指標的有關說明

樣本交易仍為表 8.3 中所列的證券交易所，樣本期間為 2014 年。其中，指標 HR 的樣本數據資料來源於 WFE 網站以及各證券交易所網站。證券交易所監管的質量水平指標 Q 的取值為表 8.10 中的監管水平值，HR、CS 的指標值由 WFE 網站和各證券交易所網站有關資料整理而得。

樣本證券交易所的指標 OR 的說明。當證券交易所的組織形式採用的是會員制，OR 取值為 0，否則取 1 表示該樣本證券交易所採用的是公司制。

樣本證券交易所的指標 MD 的相關說明。本書根據樣本國家或地區證券市場監管中政府部門監管與自律組織機構的監管權限劃分來界定證券交易所的 MD 取值情況。從全球證券市場監管的實踐看，不同監管主體（政府監管部門、自律組織機構）的監管權限可歸納為 4 類主要職權（如表 8.12 所示）：證券發行與上市審核權、證券交易監管權、違法違規查處權、自律組織監管權。若一國或地區的政府監管部門設立了專門的全國或全區性證券監管機構，且其

職權基本涵蓋了上述4類職權的，本書將其劃分為政府主導監管模式，其MD值取0。若一國或地區的政府（國會/議會）除了對證券監管的必要立法外，較少干預證券市場的監管，主要由證券交易所、證券行業協會負責證券監管，且自律組織機構擁有的監管職權基本涵蓋上述4類職權的，本書將其證券市場監管模式劃分為自律監管模式（如表8.12所示），其證券交易所的MD值取1。為節約篇幅，表8.12僅僅給了部分樣本證券交易所所在國或地區的證券市場監管模式的情況。樣本證券交易所的監管模式指標MD的相應資料均來源於WFE網站。

表8.12　部分樣本證券交易所所在國家或地區的證券市場監管模式情況

國家或地區	監管類型	監管機構名稱	證券發行與上市審核權	證券交易的監管權	違法、違規行為查處權	自律組織監管權
美國	政府機構監管	SEC(證券交易委員會)	▲	▲	▲	▲
		各州政府證券監管部	▲	▲	▲	▲
	市場自律監管	FINRA(美國金融業監管局)		▲	▲	▲
		美國證券交易所	▲	▲	▲	▲
		紐約證券交易所		▲	▲	▲
英國	市場自律監管	FCA(金融市場行為監管局)	▲	▲	▲	▲
		PRA(審慎監管局)		▲	▲	▲
		證券交易所	▲	▲	▲	▲
法國	政府機構監管	AMF(金融市場管理局)		▲	▲	▲
	市場自律監管	證券交易所	▲	▲	▲	▲
德國	政府機構監管	BaFin(德國聯邦金融監管局)		▲	▲	
		州監督署			▲	▲
		交易所監察部		▲	▲	
	市場自律監管	證券交易所	▲	▲	▲	▲
		德國證券業協會				▲
		BIV(德國投資信託和資產管理聯合會)				▲
日本	政府機構監管	金融廳	▲	▲		▲
		SESC(證券交易監視委員會)		▲	▲	▲
	市場自律監管	證券交易所	▲	▲	▲	▲
		證券業協會			▲	▲
印度	政府機構監管	SEBI(證券交易委員會)	▲	▲	▲	▲
	市場自律監管	證券交易所	▲	▲	▲	▲

表8.12(續)

國家或地區	監管類型	監管機構名稱	證券發行與上市審核權	證券交易的監管權	違法、違規行為查處權	自律組織監管權
韓國	政府機構監管	財政部	宏觀層面的監管指導			
		金融監督委員會	▲	▲	▲	▲
	市場自律監管	FSS(金融監督院)			▲	▲
		KOFIA(韓國金融投資協會)		▲		▲
		KRX(韓國證券期貨交易所)		▲		
中國香港地區	政府機構監管	香港證券暨期貨事務檢查委員會	▲	▲	▲	▲
	市場自律監管	香港聯合交易所	▲	▲	▲	▲
臺灣	政府機構監管	金融監督管理委員會	▲	▲	▲	▲
	市場自律監管	臺灣證券商業同業公會		▲	▲	▲
		臺灣證券投資信託暨顧問商業同業公會			▲	▲
		臺灣證券交易所	▲	▲	▲	▲
中國	政府機構監管	中國證監會	▲	▲	▲	▲
	市場自律監管	中國證券業協會				▲
		證券交易所				▲

　　由於公司制形式又分為公開上市交易公司制、可轉讓但未上市的股份制公司制、主要由會員持有的私人優先公司制3種具體性形式。為了進一步考察公司制的3種具體形式對公司制證券交易所的監管水平的影響差異，本書將公司制的33家證券交易所作為一個子樣本，按照以下思路進一步實證分析。具體地，樣本為33家公司制證券交易所，樣本期間仍為2014年。其中，指標Q、HR、CS、MD的取值同36家交易所為樣本的實證分析；而相應的OR指標值引入2個虛擬變量$OR_{(公司制,1)}$、$OR_{(公司制,2)}$。具體為：

$$OR_{(公司制,1)} = \begin{cases} 1 & 公開上市交易公司制 \\ 0 & 其他 \end{cases}$$

$$OR_{(公司制,2)} = \begin{cases} 1 & 主要由會員持優先公司制 \\ 0 & 其他 \end{cases}$$

8.4.2 36家證券交易所為樣本的實證分析

　　以式（8.32）為實證模型，採用eviews6.0進行實證分析，36家證券交易所為樣本進行的實證分析如表8.13所示。結果顯示模型的擬合優AR^2達

0.871,擬合優度好,且模型的 F 統計量在 1%的顯著性水平下顯著,表明模型的線性關係設定能很好刻畫被解釋變量與解釋變量的關係。

表 8.13　　　　　　　　36 家樣本證券交易所的迴歸分析結果

待估計參數	$\hat{\beta}_0$	$\hat{\beta}_1$	$\hat{\beta}_2$	$\hat{\beta}_3$	$\hat{\beta}_4$
估計值	7.015*** (17.653)	0.359*** (9.663)	0.217*** (7.154)	0.42* (1.819)	0.979** (2.398)
總體估計效果指標值					
$R^2 = 0.921$	$AR^2 = 0.871$	F = 7.848(0.000)	DW = 2.043	AIC = 1.326	SC = 1.473

根據表 8.13 可知,變量 HR 的系數 $\hat{\beta}_1$、變量 CS 的系數 $\hat{\beta}_2$ 均在 1%的顯著性水平上顯著,表明證券交易所監管投入的人力、監管費用對證券交易所監管上市公司的質量具有顯著影響,$\hat{\beta}_1 = 0.359 > \hat{\beta}_2 = 0.217$ 說明監管投入的人力水平比監管投入的費用水平對其監管質量水平影響更大。變量 MD 的系數 $\hat{\beta}_3$、變量 OR 的系數 $\hat{\beta}_4$ 分別在 10%、5%的顯著性水平上顯著,表明除了證券交易所監管投入的人力、監管費用對證券交易所監管質量水平有顯著影響外,證券交易所的組織形式及其所處的監管模型均對交易所監管上市公司的質量有重要影響,這種影響的差異詳見表 8.14 所示。從表 8.14 中可以知道,在政府主導監管模式下公司制的證券交易所比政府主導模式下的會員制證券交易所的監管質量平均水平高出 0.979 個單位;在自律監管模式下會員制的證券交易所比政府主導模式下的會員制證券交易所的監管質量平均水平高出 0.412 個單位;在自律監管模式下公司制的證券交易所比政府主導模式下的會員制證券交易所的監管質量平均水平高出 1.391 個單位(0.979+0.412 個單位)。

表 8.14　不同監管模式與組織形式對證券交易監管水平的影響差異

(政府主導監管模式,會員制)(MD = 0, OR = 0)
$E(Q \mid MD = 0, OR = 0, HR, CS) = \hat{\beta}_0 + \hat{\beta}_1 HR + \hat{\beta}_2 CS$
$E(Q \mid MD = 0, OR = 0, HR, CS) = 7.015 + 0.359 HR + 0.217 CS$
(政府主導監管模式,公司制)(MD = 0, OR = 1)
$E(Q \mid MD = 0, OR = 1, HR, CS) = \hat{\beta}_0 + \hat{\beta}_4 + \hat{\beta}_1 HR + \hat{\beta}_2 CS$
$E(Q \mid MD = 0, OR = 1, HR, CS) = 7.015 + 0.979 + 0.359 HR + 0.217 CS$
(自律監管模式,會員制)(MD = 1, OR = 0)
$E(Q \mid MD = 1, OR = 0, HR, CS) = \hat{\beta}_0 + \hat{\beta}_3 + \hat{\beta}_1 HR + \hat{\beta}_2 CS$
$E(Q \mid MD = 1, OR = 0, HR, CS) = 7.015 + 0.42 + 0.359 HR + 0.217 CS$

表8.14(續)

（自律監管模式,公司制）（MD=1,OR=1）
$E(Q\|MD=1,OR=1,HR,CS)=\hat{\beta}_0+\hat{\beta}_3+\hat{\beta}_4+\hat{\beta}_1HR+\hat{\beta}_2CS$
$E(Q\|MD=1,OR=0,HR,CS)=7.015+0.42+0.979+0.359HR+0.217CS$

8.4.3 33家會員制證券交易所為樣本的實證分析

以式（8.32）為實證模型，但由於引入了3個虛擬變量 $OR_{(公司制,1)}$、$OR_{(公司制,2)}$，且為了與前文中的實證分析相區別，33家公司制證券交易所的實證模型調整為：

$$Q = \hat{\beta}'_0 + \hat{\beta}'_1 HR + \hat{\beta}'_2 CS + \hat{\beta}'_3 MD + \hat{\beta}'_4 OR_{(公司制,1)} + \hat{\beta}'_5 OR_{(公司制,2)} + e \quad \cdots\cdots(8.35)$$

本節仍採用eviews6.0進行實證分析，33家會員制證券交易所為樣本進行的實證分析如表8.15所示。由於截距項不顯著，故剔除截距項進行迴歸。表8.15結果顯示模型的擬合優AR^2達0.831，擬合優度好，且模型的F統計量在1%的顯著性水平下顯著，表明模型的線性關係設定能很好刻畫被解釋變量與解釋變量的關係。

表8.15　　　　36家樣本證券交易所的迴歸分析結果

待估計參數	$\hat{\beta}'_1$	$\hat{\beta}'_2$	$\hat{\beta}'_3$	$\hat{\beta}'_4$	$\hat{\beta}'_5$
估計值	0.135*** (10.426)	0.173*** (7.261)	0.109* (1.917)	0.114*** (5.299)	0.301** (2.263)
總體估計效果指標值					
$R^2=0.8926$	$AR^2=0.831$	F=5.455(0.009)	DW=2.29	AIC=2.113	SC=2.25

註：*、**、*** 分別表示在10%、5%、1%顯示性水平下顯著。

根據表8.15可知，變量HR的系數$\hat{\beta}'_1$、變量CS的系數$\hat{\beta}'_2$均在1%的顯著性水平上顯著，表明公司制證券交易所監管投入的人力、監管費用對證券交易所監管上市公司的質量具有顯著影響。變量MD的系數$\hat{\beta}'_3$在10%的顯著性水平上顯著，表明證券市場監管模式的選擇仍對公司制證券交易所的監管質量水平有顯著影響。變量$OR_{(公司制,1)}$、$OR_{(公司制,2)}$的系數$\hat{\beta}'_4$、$\hat{\beta}'_5$分別在1%、5%的顯著性水平上顯著，表明不同形式公司制的證券交易所的監管質量水平仍存在差異，這種影響的差異詳見表8.16所示。根據表8.16可知，政府主導的監管模式下採用公開上市交易公司制的證券交易所比政府主導的監管模式下採用可

轉讓但未上市的股份制公司制的證券交易所的平均監管質量水平高出 0.114 個單位；政府主導的監管模式下採用主要由會員持有的私人優先公司制的證券交易所比政府主導的監管模式下採用可轉讓但未上市的股份制公司制的平均監管質量水平高出 0.301 個單位；政府主導的監管模式下採用主要由會員持有的私人優先公司制的證券交易所比政府主導的監管模式下採用公開上市交易公司制的證券交易所的平均監管質量水平高出 0.187 個單位（0.301-0.114）；自律監管模式下採用可轉讓但未上市的股份制公司制的證券交易所比政府主導的監管模式下採用可轉讓但未上市的股份制公司制的證券交易所的平均監管質量水平高出 0.109 個單位；自律監管模式下採用公開上市交易公司制的證券交易所比政府主導的監管模式下採用可轉讓但未上市的股份制公司制的證券交易所的平均監管質量水平高出 0.223 個單位（0.109+0.114）；自律監管模式下採用主要由會員持有的私人優先公司制的證券交易所比政府主導的監管模式下採用可轉讓但未上市的股份制公司制的證券交易所的平均監管質量水平高出 0.42 個單位（0.109+0.301）；自律監管模式下採用主要由會員持有的私人優先公司制的證券交易所比政府主導的監管模式下採用公開上市交易公司制的證券交易所的平均監管質量水平高出 0.296 個單位（0.109+0.301-0.114）。

表 8.16　公司制證券交易所的組織形式對其監管水平的影響差異

（政府主導監管模式，可轉讓但未上市的股份制公司制） （MD=0, $OR_{(公司制,1)} = 0$、$OR_{(公司制,2)} = 0$）
$E(Q \mid MD = 0, OR_{(公司制,1)} = 0, OR_{(公司制,2)} = 0, HR, CS) = \hat{\beta}'_1 HR + \hat{\beta}'_2 CS$ $E(Q \mid MD = 0, OR_{(公司制,1)} = 0, OR_{(公司制,2)} = 0, HR, CS) = 0.135 HR + 0.173 CS$
（政府主導監管模式，公開上市交易公司制） （MD=0, $OR_{(公司制,1)} = 1$, $OR_{(公司制,2)} = 0$）
$E(Q \mid MD = 0, OR_{(公司制,1)} = 1, OR_{(公司制,2)} = 0, HR, CS) = \hat{\beta}'_4 + \hat{\beta}'_1 HR + \hat{\beta}'_2 CS$ $E(Q \mid MD = 0, OR_{(公司制,1)} = 1, OR_{(公司制,2)} = 0, HR, CS) = 0.114 + 0.135 HR + 0.173 CS$
（政府主導監管模式，主要由會員持有的私人優先公司制） （MD=0, $OR_{(公司制,1)} = 0$、$OR_{(公司制,2)} = 1$）
$E(Q \mid MD = 0, OR_{(公司制,1)} = 0, OR_{(公司制,2)} = 1, HR, CS) = \hat{\beta}'_5 + \hat{\beta}'_1 HR + \hat{\beta}'_2 CS$ $E(Q \mid MD = 0, OR_{(公司制,1)} = 0, OR_{(公司制,2)} = 1, HR, CS) = 0.301 + 0.135 HR + 0.173 CS$
（自律監管模式，可轉讓但未上市的股份制公司制） （MD=1, $OR_{(公司制,1)} = 0$、$OR_{(公司制,2)} = 0$）
$E(Q \mid MD = 1, OR_{(公司制,1)} = 0, OR_{(公司制,2)} = 0, HR, CS) = \hat{\beta}'_3 + \hat{\beta}'_1 HR + \hat{\beta}'_2 CS$ $E(Q \mid MD = 1, OR_{(公司制,1)} = 0, OR_{(公司制,2)} = 0, HR, CS) = 0.109 + 0.135 HR + 0.173 CS$

表8.16(續)

(自律監管模式,公開上市交易公司制) $(MD=1, OR_{(公司制,1)} = 1, OR_{(公司制,2)} = 0)$
$E(Q\mid MD = 1, OR_{(公司制,1)} = 1, OR_{(公司制,2)} = 0, HR, CS) = \hat{\beta}'_3 + \hat{\beta}'_4 + \hat{\beta}'_1 HR + \hat{\beta}'_2 CS$ $E(Q\mid MD = 1, OR_{(公司制,1)} = 1, OR_{(公司制,2)} = 0, HR, CS) = 0.109 + 0.114 + 0.135HR + 0.173CS$
(自律監管模式,主要由會員持有的私人優先公司制) $(MD=1, OR_{(公司制,1)} = 0、OR_{(公司制,2)} = 1)$
$E(Q\mid MD = 1, OR_{(公司制,1)} = 0, OR_{(公司制,2)} = 1, HR, CS) = \hat{\beta}'_3 + \hat{\beta}'_5 + \hat{\beta}'_1 HR + \hat{\beta}'_2 CS$ $E(Q\mid MD = 1, OR_{(公司制,1)} = 0, OR_{(公司制,2)} = 1, HR, CS) = 0.109 + 0.301 + 0.135HR + 0.173CS$

8.5 小結

根據本章的實證分析得出以下結論：

第一，證券交易所對上市公司的監管質量不僅受到其證券監管法律法規的完備性影響，還受到證券交易的監管技術水平、日常監管效率的影響，同時應將證券交易所的微觀監管、日常監管對政府部門的宏觀監管的支援作用作為評價證券交易對上市公司的監管質量水平的一個重要指標。

第二，除證券交易所自身法律法規的完備性、監管技術水平、日常監管效率等因素外，證券交易的監管人力投入水平、監管費用占比及其證券交易的組織形式、證券交易所所在的證券市場監管模式都對證券交易所對上市公司的監管水平產生非常重要的影響。實證結果顯示，自律監管模式下的證券交易所對上市公司的監管質量水平的平均值要高於政府監管模式下的證券交易所對上市公司的監管質量水平的平均值。公司制的證券交易所對上市公司的監管質量水平的平均值要高於會員制證券交易所對上市公司的監管質量水平的平均值。採用主要由會員持有的私人優先公司制的證券交易所的監管質量水平平均值要高於採用公開上市交易公司制的監管質量水平均值，而採用公開上市交易公司制的證券交易所的監管質量水平平均值又要高於可轉讓但未上市的股份制公司制的證券交易所的監管質量水平平均值。

9 中國證券交易所監管上市公司的現狀分析

中國證券交易所監管上市公司的現狀分析一章旨在全面把握中國證券交易所在現有的監管體系框架存在的不足，同時透過這些不足挖掘中國證券市場監管存在的深層次的問題。這對如何調整中國現有的證券監管模式具有一定的借鑑作用，也對如何充分發揮證券交易所一線監管的作用提供了一定參考。基於此，本章在梳理中國證券監管體系演變與發展的基礎上，分析了上海證券交易所、深圳證券交易所在中國證券監管體系中的角色與作用，細緻剖析了上海證券交易所、深圳證券交易所的監管現狀，全面挖掘監管現狀中反應出來的問題。

9.1 中國證券市場監管體系發展與演變

中國證券監管體系的發展和演變經歷了兩個階段：中央政府、地方政府、金融監管機構、政府綜合部門、行業主管部門的分散監管體制階段和中國證券監管委員會統一監管階段。

第一階段（1980—1992年）：1987年以前，證券交易所的設立由國務院授權中國人民銀行批准，證券交易所歸所在地人民政府監督管理，企業改制設立股份有限公司，由地方人民政府體改部門（有些地方由人民銀行地方分行）批准，股票發行與上市由地方人民政府和證券交易所決定。證券經營機構（包括專營的證券公司和兼營證券業務的信託投資公司等）的設立或者從事證券業務由中國人民銀行審批，其經營活動由中國人民銀行監督管理。股份有限公司、證券公司等以企業性質存在的證券市場主體，必須按規定由工商行政管

理部門登記。這一階段參與證券市場監督管理的還有國家和地方人民政府的計劃、財政、稅務、公安等部門。這個階段的主要特點是沒有專門的證券市場監管部門，市場監管工作以人民銀行為主，各相關部門共同參與，證券監管權劃分不十分清楚，監管內容相對簡單。

1987年，國務院發布了《國務院關於加強股票、債券管理的通知》。這是國家政府第一次對股票市場做出統一規範，標誌著中央政府對證券監管的介入。該通知通過中央政策來限制公開發行股票企業的類型，控制股票市場的發展規模。其主要規定有：第一，股票發行主要限於少數經過批准的集體所有制企業中試行，全民所有制企業不得向社會發行股票，只能發行債券；第二，新建企業的合作各方可以試用股票形式互相投資、合股或參股，未經中國人民銀行批准，不得向社會發行股票；第三，企業發行債券必須經中國人民銀行批准，並通過中國人民銀行與國家計劃、財政等部門制定的年度控制額度進行宏觀調控。

中央政府在實行這一通知的同時，也在提高對股票市場的控制能力，增強管理股票市場的深度和廣度，為此中央政府相應地頒布了一批政策法規。

1990年，國務院規定向社會公開發行股票的試點地區僅限於上海與深圳兩地。中國人民銀行成立了由八個部委共同參加的國務院股票審批辦公室。國務院在有關規範向社會公開發行股票的文件規定：「除已批准上海、深圳兩市向社會公開發行股票的試點外，凡由地方政府批准實施，但未經中央有關部門審批的，要在近期內上報國家經濟體制改革委員會（以下簡稱國家體改委）、國家國有資產管理局、中國人民銀行重新履行審批手續。」而且，即便是上海市與深圳市市政府制定的有關公開發行股票的規章制度和管理辦法，也須報經國家體改委、國家國有資產管理局、中國人民銀行審查批准後才能施行。

1991年，國家體改委制定的《股份制企業試點辦法》規定：「進行向社會公開發行股票的股份制試點的省、市、自治區，其股票發行辦法和規模必須經中國人民銀行和國家體改委批准，並經國家計劃委員會（以下簡稱國家計委）平衡後，納入國家證券發行計劃。」國家計委和體改委制定的《股份制試點企業宏觀管理的暫行規定》確定了「國家要加強對股份制企業發行和上市股票的規模和結構管理，做到統一規劃，綜合平衡」的原則；國家稅務總局的《股份制試點企業有關稅收問題的暫行規定》規定了向社會發行的股票交易的印花稅率；國家國有資產管理局制定的《股份制試點企業國有資產管理暫行規定》規定了上市企業的資產評估立項的要求；財政部制定的《股份制試點企業會計制度》與《股份制試點企業財務管理若干問題的暫行規定》規範了股份制企業的財務與會計制度等；行業主管部門也制定了相應規定，例如

《能源部關於電力行業貫徹〈股份制企業試點辦法〉若干意見的通知》《對外經濟貿易部關於經貿企業股份制試點有關問題的通知》《電力工業部關於印發〈電力行業股份制企業試點暫行規定〉的通知》等。

從上面可以看到，中國證券市場的監管從最初的地方初級監管開始不斷向中央政府、金融監管機構、政府綜合部門、行業主管部門的分散監管、多頭監管體制傾斜，政府集中監管的雛形開始出現。但需要注意的是這種多頭、分散監管的體制的特點是責、權、利不明確，同時，各個監管機構或多或少存在重審批、輕監管的弊病。

第二階段（1992年以後）：由於上述監管體制所存在的弊端和1992年深圳發售新股認購抽簽所引起的「8.13」風波，政府意識到中國證券市場的法律法規還不健全，證券管理力量分散，管理能力薄弱。1992年10月，國務院證券委員會（以下簡稱國務院證券委）和中國證券監督管理委員會（以下簡稱中國證監會）宣告成立，標誌著中國證券市場統一監管體制開始形成。國務院證券委是國家對證券市場進行統一宏觀管理的主管機構。中國證監會是國務院證券委的監管執行機構，依照法律法規對證券市場進行監管。

國務院證券委和中國證監會成立以後，其職權範圍隨著市場的發展逐步擴展。1993年11月，國務院決定將期貨市場的試點工作交由國務院證券委負責，中國證監會具體執行。1995年3月，國務院正式批准《中國證券監督管理委員會機構編製方案》，確定中國證監會為國務院直屬副部級事業單位，是國務院證券委的監管執行機構，依照法律、法規的規定，對證券期貨市場進行監管。1997年8月，國務院決定，將上海、深圳證券交易所統一劃歸中國證監會監管；同時，在上海和深圳兩市設立中國證監會證券監管專員辦公室；11月，中央召開全國金融工作會議，決定對全國證券管理體制進行改革，理順證券監管體制，對地方證券監管部門實行垂直領導，並將原由中國人民銀行監管的證券經營機構劃歸中國證監會統一監管。

1998年4月，根據國務院機構改革方案，決定將國務院證券委與中國證監會合併組成國務院直屬正部級事業單位。經過這些改革，中國證監會職能明顯加強，集中統一的全國證券監管體制基本形成。

1998年9月，國務院批准了《中國證券監督管理委員會職能配置、內設機構和人員編製規定》，進一步明確中國證監會為國務院直屬事業單位，是全國證券期貨市場的主管部門，進一步強化和明確了中國證監會的職能。

1999年7月1日，中國證券監管委員會36個派出機構掛牌，全國集中統一的證券監管體制確立。中國證券監管委員會積極進行以發行制度改革為核心

的各項制度建設。第一，在股票發行制度建設方面，1999年按照《證券法》的要求，組建新的發行審核委員會，並公布了《股票發行審核委員會條例》，進一步強化主承銷商責任，增強了發行審核工作的透明度；2000年進一步改革股票發行制度，廢除了審批制，開始實行主承銷商推薦、發行審核委員會審核、證券監管委員會核准的管理制度。第二，建立證券市場退市機制。2001年2月22日證券監管委員會依據《中華人民共和國公司法》（以下簡稱《公司法》）發布了《虧損上市公司暫停上市和終止上市實施辦法》，開始推出上市公司退出機制。第三，進一步強化上市公司信息披露監管，在進一步調整和充實信息披露內容的基礎上，實施了報刊與網站披露並行的披露制度。通過近三年來的制度建設，證券市場的制度框架已經基本行形成。另外，《中華人民共和國證券法》（以下簡稱《證券法》）公布實施以來，交易所和中國證券業協會等職能作用的發揮加強了證券行業的自律管理，這成為集中統一的證券監管的重要補充。

9.2 上海證券交易所與深圳證券交易所在證券監管體系中的地位和作用

中國的監管體制具有集中型監管的特點。1998年4月，中國證監會成為國務院直屬正部級事業單位及中國內地證券及期貨市場的主管部門。中國證監會直接監管上海證券交易所（以下簡稱上交所）及深圳證券交易所（以下簡稱深交所），以往由中國人民銀行負責監管的證券經營機構，以及所有地方證券監管部門也由中國證監會管理，由此形成了證券市場的集中監管和證券監管委員會的管理權利體系，形成了以政府監管為主，自律（上交所、深交所、仲介機構）監管為輔的集中監管體系。中國證券業監督管理委員會處於監管的第一層，上交所、深交所處於監管的第一線，在中國證監會的監管領導下，確保證券市場正常運作。它們既是證券市場一項監管的主要平臺，也是證券監管委員會具體、微觀職能的延伸，是對證券監管委員會的統一監管的有效補充。中國證券監督管理委員會、證券交易所（上海證券交易所、深圳證券交易所）的監管權限如表9.1所示。根據表9.1可看到，證券交易所作為一線監管部門沒有對上市公司的調查權，交易所的處罰權力也是有限的，對違法行為威懾力不大。《證券法》所賦予的權利根本不足以發揮其一線監管的作用。交易所既是中國證監會的監管對象，又是其下屬機構，這種關係使得交易所在組織市場和管理市場方面喪失了應有的獨立性。

表9.1　　中國證券監督管理委員會、證券交易交所的監管權限

監管主體	監管權限	監管主體	監管權限
中國證券業監督管理委員會(中國證監會)	●研究和擬定證券及期貨市場的方針政策和發展規劃，起草證券及期貨市場有關法律和法規，制定證券及期貨市場的有關規章 ●監管證券及期貨市場，垂直領導各地方及省的證券市場監督機構 ●監督股票、可轉換債券及證券投資基金的發行、交易、託管和結算，批准企業債券上市，監管上市國債和企業債券的交易活動 ●監管內地期貨合約上市、交易和結算，按規定監督內地機構從事境外期貨業務 ●監管上市公司及其有責任披露有關證券市場信息的股東的行為 ●按規定歸口管理證券及期貨交易所和其高級管理人員及證券業協會 ●監管證券及期貨經營機構、證券投資基金管理公司、證券登記結算公司、期貨結算機構和證券及期貨投資顧問機構；與中國人民銀行共同審批基金託管機構的資格，並監管其基金託管業務；制定並實施對上述機構高級管理人員任職資格的規管規則；審批從事證券及期貨業務人員的資格 ●監管內地企業直接或間接在境外發行股票和上市，監管內地機構在境外設立證券機構，監督外地機構到內地設立證券機構 ●監管證券及期貨信息披露（《中華人民共和國證券法》和國務院法規均載有持續披露的規定）和信息傳播活動，負責證券及期貨市場的統計與信息資源管理 ●會同有關部門審批從事證券及期貨仲介業務的律師事務所、會計師事務所、資產評估機構及其成員的資格，並監管其相關的業務活動 ●依法對違反證券及期貨法律和法規的行為，進行調查和處罰（中國證監會具有明確權力，可施加行政處罰/罰款、「責任和修正令」及警告）；以及歸口管理證券及期貨行業的對外交往和國際合作事務	證券交易所(上海證券交易所、深圳證券交易所)	●證券交易所應當為組織公平的集中競價交易提供保障，即時公布證券交易行情，並按交易日製作證券市場行情表，予以公布 ●證券交易所依照法律、行政法規的規定，辦理股票、公司債券的暫停上市、恢復上市或者終止上市的事務，其具體辦法由國務院證券監督管理機構制定 ●證券交易所對在交易所進行的證券交易實行即時監控，並按照國務院證券監督管理機構的要求，對異常的交易情況提出報告；證券交易所應當對上市公司披露信息進行監督，督促上市公司依法及時、準確地披露信息 ●證券交易所依照證券法律、行政法規制定證券集中競價交易的具體規則，制訂證券交易所的會員管理規章和證券交易所從業人員業務規則，並報國務院證券監督管理機構批准 ●在證券交易所內從事證券交易的人員，違反證券交易所有關交易規則的，由證券交易所給予紀律處分；對情節嚴重的，撤銷其資格，禁止其入場進行證券交易

9.3 中國證券交易所監管上市公司現狀及其評價

9.3.1 中國證券交易所監管上市公司現狀

中國證券市場經過二十多年的發展，形成了比較完整的證券市場法律框架體系和集中統一監管的框架，具有了一支有一定規模和素質的監管隊伍。上交所、深交所均在20世紀90年代開發和建設了對市場交易活動進行即時動態監控和事後統計分析監控系統，為實現證券市場監管提供了先進的監管技術，確立了將充分發揮市場機制作用和切實保護投資者權益作為證券監管機構工作的重中之重的監管新思路和理念，為證券交易所有效監管上市公司提供了法律保障和技術支持，整個市場的規範化程度不斷提高，上市公司信息披露不斷得到強化，上市公司治理進一步規範，退市機制不斷完善。表9.2給出了上海證券交易所2001—2014年市場監督質量情況，表9.3給出了2009—2014年上海證券交易所與深圳證券交易所對上市公司紀律處分情況。根據表9.2、表9.3可知，上海證券交易所、深圳證券交易所對上市公司的監管有不斷加強的趨勢，監管效率不斷提高，這對促進中國證券市場的健康發展發揮了十分重要的作用。

表9.2　　上海證券交易所2001—2014年市場監察質量情況

監管年份	及時發現 異常交易調查數（件）	及時報告 配合監管部門完成的調查數（件）	及時報告 提請證監會立案調查數（件）	及時報告 完成監管分析報告數（件）	及時制止 營業部電話提醒數（件）
2001	364	94	20	1,162	128
2002	237	120	22	1,737	142
2003	187	55	48	1,658	109
2004	68	39	32	961	90
2005	147	39	35	848	159
2006	276	85	48	812	356
2007	582	129	92	96	520
2008	542	136	101	214	492
2009	538	127	104	506	329
2010	802	158	116	657	294

表9.2(續)

監管年份	及時發現 異常交易調查數（件）	及時報告 配合監管部門完成的調查數（件）	及時報告 提請證監會立案調查數（件）	及時報告 完成監管分析報告數（件）	及時制止 營業部電話提醒數（件）
2011	726	164	62	552	628
2012	1917	182	58	438	724
2013	900	176	130	621	455
2014	271	184	95	429	363

數據來源：根據《上海證券交易所證券市場監察質量報告2008》以及2009—2014年上海證券交易所自律監管工作報告整理得到。

表9.3　2009—2014年上海證券交易所與深圳證券交易所對上市公司紀律處分情況

年份	紀律處分委員會審議會議(次)	紀律處分決定(份)	公開譴責處分 上市公司(家)	公開譴責處分 責任人員(名)	通報批評處分 上市公司(家)	通報批評處分 責任人員(名)	限制交易(起)	監管函(份)
\multicolumn{9}{c}{上海證券交易所}
2009	52	126	12	52	57	209	7	2,714
2010	8	43	9	36	29	109	1	1,099
2011	7	34	3	25	18	68	1	852
2012	8	57	9	51	16	91	7	724
2013	7	35	3	15	19	81	3	113
2014	8	38	17	48	11	140	1	319
\multicolumn{9}{c}{深圳證券交易所}
2009	13	45	7	61	36	57	19	301
2010	11	52	6	57	40	62	16	219
2011	8	44	5	37	44	131	7	229
2012	11	50	5	26	43	168	18	246
2013	14	65	6	63	27	198	25	318
2014	11	54	6	39	23	146	53	290

數據來源：根據《上海證券交易所證券市場監察質量報告2008》以及2009—2014年上海證券交易所自律監管工作報告、2009—2014年深圳證券交易所自律監管工作報告整理得到。

中國證券交易所監管上市公司的成績是有目共睹的，但毫無疑問，中國證券交易所的監管上市公司存在的問題和缺陷也是相當突出的，鄭百文事件、中

科創事件、億安事件、銀廣夏事件、2006年證券市場十大黑幕[1]、2007年股市八大黑幕[2]、2009年證券市場十大案[3]、2010年的黃光裕案與內幕交易案（短線交易、老鼠倉、PE腐敗等）、2011年股市九大違法違規案[4]、2013年萬福生科與光大證券烏龍指、2014年證監會處罰的14家上市公司等就是非常典型的案例。同時證券市場上的內幕交易、市場操作與詐欺、券商違法違規等行為屢禁不止，呈現出傳統手法與新業務嫁接、個人大戶手法凶悍、利用場外配資放大收益等新趨勢。以中國證監會網站的內幕交易處罰公告為例，從1993年深圳華陽公司、龍崗公司買賣「延中實業」股票內幕交易案（證監罰字〔1998〕73號）到2014年12月31日，中國證監會做出行政處罰的內幕交易案例以及涉及犯罪的內幕交易案例共計145件（如表9.4和圖9.1所示，其中表9.4給出的1993—2014年的內幕交易案件數是以內幕信息公告年份為準統計的）。從圖9.1、表9.4可以看到，內幕交易並未隨著內幕交易法律法規的不斷調整而下降，而是總體呈現增長的態勢。其中，2005年5月啟動股權分置改革後，內幕交易案件呈現迅速增長的態勢。2014年6月27日，證監會新聞發言人通報了證監會近三年來內幕交易等案件的執法工作情況，2012年、2013年內幕交易立案案件分別為70件和86件，相比2011年增幅分別達到46%和79%。同時，2013年以來證監會加強了對資產管理行業人員利用未公開信息交易股票行為的執法力度，2013年立案22件，2014年立案25件。另

---

[1] 十大黑幕分別是：東盛科技欺騙股民、草原興發財務造假虛增利潤、寶碩巨額占款數額算不清、東航子公司高管貪污受賄案、澳柯瑪「冰櫃之王」病危、三聯商社董事會「內訌」、銀河科技會計差錯更正的疑團、股市五大風雲人物被「禁入」、中天華正審計「放水」、上海電氣三高管落馬案。

[2] 2007年股市八大黑幕引出了10大最黑心上市公司、9大最可惡大股東、9大最貪高管、6大違規基金、5大最可恨券商、8大違規銀行、7大黑嘴。八大黑幕具體涉及杭蕭鋼構內幕交易案、熊貓電子董事長違規買賣上市公司股票、浙大海納董事未履行信息披露義務、西安旅遊監事短線交易案、新疆天山水泥高管內幕交易案、天一科技董事長信息披露前後矛盾、浙江凱恩董事長違規買賣自家股票、ST金瑞董事違規買賣上市公司股票、中興通訊副總裁買賣違規上市公司股票。

[3] 驚天大案：五糧液之虛假陳述案；內幕年利：董正青之內幕交易案；操縱股價：程文水之中核鈦白案；限制買賣：高管們之短線交易案。九發股份：破產案之民事賠償案。代位訴訟：小股東之三聯集團案。立立電子：過會後之撤銷上市案。人人喊打：老鼠倉之基民索賠案。有毒產品：苦主們之境外理財案。未解之謎：楊彥明之巨額貪污案。

[4] 2011年以來證監會共立案調查案件82起，其中內幕交易39起，市場操縱9起，上市公司信息披露違規10起；啟動非正式調查105起，其中內幕交易63起，市場操縱10起，上市公司信息披露違規14起。其中9件案件影響最大，包括：久富基金老鼠倉案、西南證券老鼠倉案、綠大地首例詐欺上市案、股市黑嘴第一案、首例高官內幕交易案、新疆第一宗宣判生效的內幕交易案、前東北證券保代內幕交易案、中恒信「搶帽子」的最大規模證券市場操縱案、「民間股神」殷保華案。

外，據中國證監會在接受《法制日報》記者採訪時的報告，2015年共立案查處操縱市場案71起，占比21%，同比增長473%。

表9.4　1993—2013年中國證監會查處的內幕交易案件統計

年份	內幕交易案件數(件)	年份	內幕交易案件數(件)
1993	1	2004	2
1994	0	2005	0
1995	0	2006	2
1996	3	2007	17
1997	5	2008	8
1998	6	2009	8
1999	4	2010	16
2000	4	2011	17
2001	2	2012	34
2002	1	2013	5
2003	0	2014	10
合計			145

註：每年的案件數統計數是以內幕交易信息公布年份為準累加的。

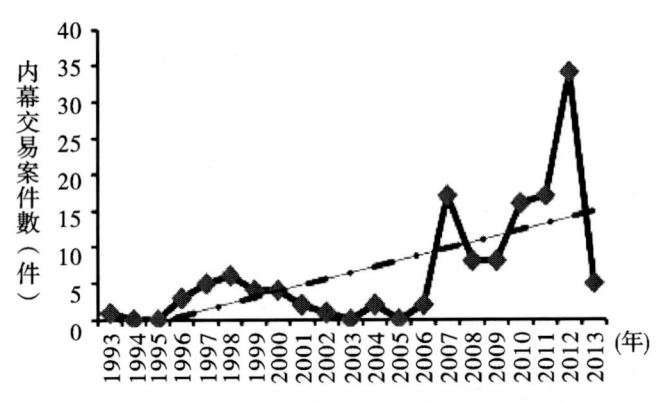

圖9.1　1993—2014年中國證監會查處的內幕交易案件數

9.3.2　中國證券交易所監管上市公司的評價

當然我們不能簡單地歸因於監管不力，而是應該透過這些現象，看到監管存在的問題。結合全球主要證券交易所監管上市公司的比較我們可以看到，當前中國證券市場監管機制與體制存在以下的問題：第一，證監會及其派出機構

和證券交易所監管上市公司中形成的兩道防火牆漏洞百出。對上市公司的上市審核雖然是由證監會直接負責的，但「鄭百文」等類似事件仍時有發生；證券交易所主要負責上市公司的持續披露監管，但是「瓊民源」「紅光」「黎明」「銀廣夏」「ST 數碼」、老鼠倉等事件依舊接踵而至。這暴露出這兩道防線在事前不能及時有效地發現上市公司問題。第二，處罰的力度不夠。從上面的案件和統計數據可以看到，雖然證券交易所對上市公司監管力度不斷加強，但違規事件還是屢禁不止，公司被幾次公開譴責甚至行政處罰仍然惡習不改甚至更加肆無忌憚，一個比一個嚴重與惡劣，從歷年的統計數據可以看到還有進一步惡化的趨勢。公開譴責、行政處罰對上市公司來說不具備任何威懾力。第三，對會計事務所等仲介機構的管理體制不完善，處罰力度不強，自律機構和上市公司一起違規的事件頻頻出現。儘管監管力度在加強，但到目前為止，對註冊會計師及事務所的處罰僅限於行政處罰，還沒有會計師或會計師事務所因參與造假或重大失職，向遭受損失的投資者做出民事賠償。引發上述問題的原因卻是多方面的：

（1）監管體系中證交所的主體地位不明確、監管部門之間的權責設置不合理以及不同部門監管力量的薄弱對有效的監管產生了消極的影響。證券交易所的主體資格的獨立性不夠。現階段證券交易所本質上成為準政府機構，帶有濃重的行政色彩。中國證券交易所並沒有像紐約證券交易所、東京證券交易所、倫敦證券交易所那樣成為類似於中國證監會監管下的自律性組織，深滬證交所因為不具備這種完備的自律性主體的資格，其一線監管功能的發揮受到了嚴重制約。在對證券市場監管過程中，中國證券交易所與證券行政主管機構對證券市場監管的權力邊界不夠清晰，職責分工和監管機制還沒有理順，這對監管的有效性產生了巨大負面的影響。具體表現為：

①中國證券監管的權責設計中，處於一線監管的交易所沒有對上市公司的調查權。信息披露時，交易所主要通過上市公司提供的報告來發現上市公司的問題，如果發現問題，可以要求上市公司不斷澄清問題，但這不能很好地形成對問題的實質性判斷，同時導致了上述的很多公司對其所交的報告進行多次和對多個披露項目的「補充」。這種「信息補丁」顯然對投資者的決策產生了巨大的不利影響。我們注意到當證交所懷疑上市公司的信息披露存在重大問題時，先必須上報證監會再由證監會進行調查，由於交易所對可疑上市公司的專門分析所依據的材料主要是上市公司提供的報告，交易所沒有實際調查權，不能進行調查，因此，它發現真實性問題的能力是有限的。這是中國股市出現「東方電子」「瓊民源」「紅光」「黎明」「銀廣夏」等在其財務報表中虛增利

潤，造成投資者損失慘重的重要原因。

②處於一線監管的交易所對上市公司的處罰權也是很有限的，它只能對違規者進行公開批評、警告和公開譴責。在信用制度不完備的情況下，這三種處罰方法在巨大的物質誘惑面前，對違法行為人的威懾作用實在太有限了。所以出現了很多上市公司即使被公開譴責兩三次還是照樣違規的怪現象。

（2）仲介機構與政府監管機構、證交所的權限不夠明晰也嚴重制約了監管有效性。上市公司所披露信息的真實性與會計師事務所和註冊會計師息息相關。根據有關法律規定中國註冊會計師協會對會計師事務所和註冊會計師進行管理，對會計師事務所及其從業人員的職業道德建設、審計準則的監督執行、執業素質和執業水平等進行考核；具有調查和處罰會計師事務所及相應的註冊會計師的權利。證交所沒有對上市公司的調查權，僅僅對會計事務所或會計師進行查處，不接觸上市公司的原始資料是很難發行實質性問題的。這樣其對上市公司的監管作用也難以發揮。在實際監管過程中可以看到各個機構間也缺少相互協調和配合，尤其是制度上難以形成配合。使得監管的防線變得很脆弱。

（3）監管體系中的各個部門監管力量很薄弱，不足以使監管功能得到有效發揮。這體現在監管人員的數量嚴重缺乏。美國證券交易委員會有一支3,000多人的專業監管隊伍；而中國監管機構僅有1,400多人，在三級稽查體系建立後，稽查人員只占證監會人員的10%，還遠遠不能適應市場監管的需要。以負責上市公司首次發行股票相關信息披露材料審查的證監會發行監管部為例。2014年4月，證監會原發行部與原創業板發行部合併，形成新的發行監管部，下設9個處室，監管一、二處負責主板、中小板的法律、財務審核；監管三、四處負責創業板的法律、財務審核；監管五、六處負責再融資的法律、財務審核；監管七處（新設）負責對發行階段詢價、定價、配售環節的監管。新的發行監管部正式在編人員僅66人，加上從上海證券交易所、深證交易所借調人員，總共130人。其中，負責具體信息披露資料的監管一、二處的工作人員共60人（加上借調人員）。而上市申請中首次公開發行股票的相關材料是非常全面、非常詳盡，也是非常具體的，很難想像60位工作人員面對若干申請上市的公司的申請材料時，如何在法定的時間內做完高質量的審查工作，特別是碰到具有可疑傾向的材料，需要進一步核查時，就更顯得力不從心了。在持續信息披露監管方面，人力也明顯不足。以深圳證券交易所為例，其公司管理部、中小板公司管理部、創業板公司管理部分別負責本所主板、中小企業板、創業板上市公司信息披露日常監管工作，工作人員約50人左右，而目前深交所上市的公司1,767家，平均每人監管的上市公司數約35家。深

交所市場監察部負責深圳證券市場交易活動的日常監管工作，工作人員約 40 多人，而上市證券數達 3,678 隻，人均承擔約 90 只證券的交易活動的日常監管工作。

另外，註冊會計師協會的監管力量薄弱，使得協會在監督、管理執業機構和執業人員的職業道德和執業質量，促進行業執業準則、規則的貫徹實施等方面受到嚴重制約。國際註冊會計師職業發展的歷史經驗顯示，註冊會計師事業的發展與提升，須有一個強有力的行業協會組織來實現，該組織行使相應法律法規賦予的權力監管執業機構與從業人員的職業道德、促進行業執業準則貫徹與落實等。美國其註冊會計師協會（AICPA）有 1,000 名左右的專職人員致力於協會的日常工作。德國的聯邦會計師審計師協會（IDW）擁有約 8,000 名個人會員和近 1,000 家事務所會員，但其配備的負責協會日常工作的人員就超過了 110 名。在加拿大，其註冊會計師協會（CICA）的會員數約 6 萬人，其配備的協會專職人員達 300 人，每年還有近 1,000 名來自於大學、企業、會計公司的志願工作者加入協會，協助工作。在中國，中國註冊會計師協會（後文簡稱「中註協」）根據《中華人民共和國註冊會計師法》（以下簡稱《註冊會計師法》）賦予的行業權限行使面向註冊會計師和非執業會員的服務、監督、管理、協調職能。截至 2015 年年底，中註協團體會員（會計師事務所）8,381 家、個人會員超過 21 萬人（其中，註冊會計師 101,448 人、非執業會員 116,294 人）。但中註協的專職工作人員卻不到 250 人，相比美、德、加等國的協會規模，其力量之薄弱是顯而易見的。而更值得關注的是作為執行《註冊會計師法》所賦予監管職能的業務監管部的工作人員僅 20 人，這使得中協會的行業監管職能的發揮受到了嚴重制約。同樣，各省、市、地方註協的監管人員則更少，有的地方監管人員數不超過 10 人，且大部分是由財政部門的退休人員構成，在專業水平和監管能力方面有著很大的欠缺。

（4）仲介結構自律機制不健全對監管的有效性也產生了負面影響。成熟證券市場的自律監管經驗表明，自律組織和獨立仲介機構的運作、法治觀念、自律精神等非正式制度安排，構成了市場的自律機制，在市場監管中起著基礎性作用。然而，中國證券市場自律意識比較淡薄、自律機制還沒有完全建立。主要體現為：①證券經營機構違規行為多。據中國證監會網站公布的處罰公告有關資料統計，1994—2014 年，在各類違法犯罪主體中，證券經營機構占的比重最高，近 60%，而且呈上升趨勢。②會計師事務所、資產評估機構和律師事務所等仲介機構缺乏自律，違背執業操守、做假帳、出具虛假報告的行為屢禁不止。③機構投資者、上市公司和投資大戶或進行內幕交易或聯手操縱市

場。「基金黑幕」、老鼠倉揭露了投資基金如何利用資金優勢，通過不正當手段，控制和操縱股票價格。

在西方國家中，仲介機構和證券監管部門共同監督上市公司的信息披露，保證其出具報告的真實性和完整性。而在中國，仲介機構卻在披露信息的真實性問題上，和上市公司一道與監管部門周旋，從而使監管和被監管的力量發生了很大的變化，使監管者在專業水平上處於劣勢。毫無疑問，這大大地增加了監管的難度。億安科技、中科創業等就是投資大戶聯手操縱市場的典型案例最好的例證。

（5）缺乏稽查手段。目前，中國對證券市場上的違法違規者主要是行政處罰，然而證監會在行政執法過程中，稽查權力有限，缺乏必要的稽查手段使得監管有效性大打「折扣」。根據《證券法》的規定，中國證監會有對違反證券法規的行為進行查處的權力，包括調查權、詢問權、查閱複製有關證券交易記錄、登記過戶記錄、財務會計資料及其他相關文件和資料的權力，查詢有關單位和個人的資金帳戶、證券帳戶的權力；對有證據證明有轉移或者隱匿違法資金、證券跡象的，可以申請司法機關予以凍結；發現證券違法行為涉嫌犯罪的，可以移送司法機關處理等。根據《中華人民共和國行政處罰法》（以下簡稱《行政處罰法》），中國證監會可以採取警告、罰款、沒收非法所得、沒收非法財物、責令停產停業、暫扣或者吊銷許可證、暫扣或吊銷執照及法規規定的其他行政處罰措施等。但是，中國證監會不具備國外如美國發達證券市場證券監管部門普遍所具有的以下權限：一是調查涉案有關機構或個人在銀行的存款帳戶的權限；二是直接凍結涉案有關機構或個人為從事證券交易所開設的證券帳戶和資金帳戶的權限；三是強制傳喚涉案人員，當事人有意躲避即為違法的權限；四是申請搜查令等權限。

（6）缺少民事賠償，刑事與行政處罰不具有威懾力。刑事責任普遍比民事責任要重得多，應該說更具有威懾力。但由於刑事司法程序引入的複雜性和舉證困難等原因，即使在發達國家證券犯罪也很少引入刑事司法程序。另外，目前中國證監會還沒有建立起與公安機關、檢察機關合作查處、起訴證券犯罪的工作機制，檢察機關也缺乏必要的司法實踐及經驗，對罪與非罪的界限很難把握，因此在提起公訴時非常謹慎，這些原因使得動用刑事執法的證券犯罪事件極少，即使有但因為種種原因處罰也很輕，缺少刑事制裁應有的威懾力，所以很多市場違法者和違規者依然肆無忌憚，根本不可能達到讓其他上市公司引以為戒的目的。

與刑事執法機制相比，民事執法機制更具有威懾力。一方面，由於中小投

資者可以在受到侵害時獲得補償，他們更有積極性去發現、舉報和制裁違法違規者，使那些違法者受到民事制裁的可能性增大。另一方面，民事訴訟的證據舉證責任普遍低於刑事訴訟，侵權者的違法違規行為更容易被法院認定，因此違法者承擔民事賠償責任的可能性也會大大增加。正是由於民事制裁的可能性高，它對違法者具有更強的威懾力。民事賠償機制在發達證券市場中已非常成熟，但在中國還基本上不存在。主要原因有：一是《證券法》《公司法》不完善。《公司法》賦予股東的眾多權利中，沒有對民事賠償作具體規定。《證券法》中有關於民事責任的法律規定很少。1998年開始的《證券法》中，第十一章以36項條文規定了各類證券違法犯罪行為的法律責任，但其中絕大部分是證券違法行為的行政責任，而涉及民事責任的條款僅有三條，占比連十分之一都不到。遺憾的是條款少的同時又缺乏可操作性，法院難以據此立案和審判。二是不具備適合的民事賠償機制。《證券法》第207條規定了民事賠償責任優先承擔的原則：「違反本法規定，應當承擔民事賠償責任和繳納罰款、罰金，其財產不足以同時支付時，先承擔民事賠償責任。」雖然有規定但是缺乏有效的訴訟機制，投資者往往得不到賠償。《民事訴訟法》第54、55條是關於集體訴訟的規定，但是實際上操作起來是十分困難的。其一，股民多且非常分散，選取代表人很困難；其二，集體訴訟的規則限制性太強，不利於中小股東提起集體訴訟。同時，很多股民所受損失不大，為省麻煩往往在訴訟有效期就放棄了其訴訟的權利。其三，現在很多法院在受理案件後判決原告股東敗訴的主要理由是原告沒有證明被告的違法行為與原告損失間存在因果關係。由於這些問題的存在使得違法違規者沒得到應有的制裁，且其行為反而在某種程度上被縱容了。

（7）投資者非理性行為。中小投資者是各種違規行為的直接受害者。在受到損害時，投資者通常採取的辦法是通過集體上訪、靜坐等方法迫使政府和監管機構做出有利於他們的決定。從實際來看，這種辦法往往比較奏效，如「原野事件」「瓊民源事件」的處理都有利於投資者，從而導致了投資者對政府和監管機構強烈的依賴性，喪失了對上市公司進行監督和制約的積極性。更嚴重的是，政府和監管機構這種保護性政策導致投資者在具體的投資行為中，缺乏理性，無視市場風險，具有極強的投機性和羊群效應，進一步加大了市場風險，增大了監管的難度，也使證券市場的進一步改革面臨嚴峻的挑戰。如上市公司退市時，由於害怕投資者鬧事，除極個別公司外，大多數都給予了半年以上的寬限期。

（8）公司治理結構不完善。公司治理結構不夠完善，也是造成諸如「瓊

民源」「鄭百文」「銀廣夏」「藍田股份」等事件的另一主要原因。中國上市公司的股權結構大部分為國有股權控股或相對控股的地位。這種結構對企業產生的影響是：公司主要負責人（董事長、總經理等）仍然由政府推薦和任命，公司負責人的行為更多的是代表政府的意志和利益；在一股獨大的股權結構下，大股東完全控制了股東大會、董事會、監事會，監事會喪失獨立性，從而導致公司治理結構嚴重扭曲，缺乏監督制衡機制，大股東侵占中小股東利益的行為很容易以貌似合法的形式實現（隱含的邏輯是大股東代表著政府行使職權），這已成為一個比較普遍的現象；由於缺乏應有的監督機制，公司管理者的行為更為無序和隨意，趨於短期化和個人化，削弱了企業自身發展的基礎，有些甚至陷入困境。在監事會失效的情況下，1997年中國證監會在《上市公司章程指引》中專列了設立獨立董事的條文。1999年3月29日，國家經貿委和中國證監會發佈了《關於進一步促進境外上市公司規範運作和深化改革的意見》中明確規定，董事會換屆時，外部董事應佔董事會人數1/2以上，並應有2名以上的獨立董事。該《意見》還規定，獨立董事所發表的意見應在董事決議中列明；公司的關聯交易必須由獨立董事簽字後方能生效；2名以上的獨立董事可提議召開臨時董事會；獨立董事可直接向股東大會、中國證監會和其他有關部門報告。2001年8月21日，中國證券監管委員會頒布了關於在上市公司建立獨立董事的指導意見，要求中國的上市公司必須建立獨立董事，這標誌著中國正式開始在上市公司中引入獨立董事制度。以期能完善上市公司的治理結構，如國外成熟證券市場一樣，使得上市公司內部監管適當外部化，以此來達到制衡內部監管機制的目的。但是，在當前上市公司股權高度集中，一股獨大的股權結構使得董事會很難由股東大會產生，控股股東有絕對的控制力。但是，法律沒有賦予獨立董事特殊表決權，獨立董事在人數上不佔優勢，根本不可能與公司內部董事抗衡。因此，在一股獨大的情況下，很多上市公司的獨立董事都流於形式，出現了「人情董事」「花瓶董事」的普遍現象，根本達不到改善公司治理結構的目的。看來，要改善上市公司的治理結構，首先應該從上市公司的股權結構入手。

(9) 缺乏有序和有效的股市退市機制。退市的法律機制不健全嚴重影響了對上市公司監管有效性。這表現在兩方面。其一，中國退市監管的立法層、執法層的關係不協調。從第三章可以看到，幾大交易所對退市的具體標準和程序都是由其上市規則作出規定的，《證券法》主要是規定退市的一般基準、程序和權限。同時退市基本上由證券交易所執行的證券監管機構一般不介入干涉的。這種立法層和執法層良好的協調關係使得退市監管具有靈活性。其二，

《公司法》《證券法》對上市公司退市均有明確規則但還不夠具體、明確，可操作性不強，例如，兩者的「連續三年連續虧損」退市標準。這從語義上講如果上市公司只要三年之中不是連續虧損，就不用下市。換句話說，不論虧多虧少，虧二年，盈一年，哪怕以後繼續虧損，也可以繼續上市。顯然這樣的條文是不具備操作性的。況且，以連續虧損作為上市公司退市的標準是不妥當的。判斷公司是否應該退市，基本標準是其股票是否還有價值，而「連續虧損」只是一種表現形式，若連續虧損的公司還有盈利能力，其股票仍然是有價值的，因此令其退出不合理。從第三章的退市比較中可以看到，幾大交易所都以「資不抵債」作為退市標準之一。從理論上講「資不抵債」才是真正衡量一家上市公司股票是否有內在價值的重要標準。當一個公司資不抵債的時候意味著可能被破產清算，資產將首先被用來還債，股票的保值增值性將徹底喪失，終止其上市也就順理成章了。《公司法》中關於上市公司退市標準的第一條、第四條規定「在限制內未能消除」以及《退市辦法（修訂）》中對「法定期限內」的「限期」究竟有多長沒有一個明確的說法。《公司法》《證券法》有關「經查實後果嚴重的」的規定中，對後果「嚴重」到什麼程度缺乏具體的判斷標準，也沒有說明以其他相關法律部門的規定為依據。單憑證券管理部門的主觀判斷，隨意性較大，難以保證判斷結果的客觀公正性和相對科學性。同時也為證券市場上滋生腐敗現象留下了隱患。

中國退市法律的執行機制有所缺陷也造成了上市公司監管的失效。例如，1994年7月1日實施的《公司法》明確規定上市公司不按規定公開其財務狀況或對財務會計報表做虛假記載，以及公司有重大違法行為應強制摘牌，有關部門卻對因重大財務詐欺行為而被暫停上市的「瓊民源」做出了退市「豁免」決定，並在各方的通力合作下將其重組為「中關村」並於1999年7月恢復上市，這種做法明顯是執法不嚴。這樣得到退市「豁免權」的上市公司的重組方式，成了以後績差或績劣公司紛紛效法的「藍本」，造就中國股市上延續多年、此起彼伏的保「殼」大戰和「資產重組」流行風，退市機制的建設問題被長期忽略。以上退市機制缺陷使得：①整個證券市場不能形成健全的糾錯機制、懲罰機制、淘汰機制，進而不能形成市場較為完善的初次上市和持續上市相銜接的市場化機制。②不能有效地建立起一種資金彈性流動機制，即資金無法迅速地從衰落的產業部門、經營效益差的企業轉向新興的產業部門和經營效益好的企業，從而實現資源的最優配置，提升產業結構，促進國民經濟的增長。③不能促使投資者特別是大股東提高對上市公司的認知度和責任心，不能提高其運用股權來獲取利潤的主動性和自覺性，不能改變大股東特別是國有大

股東按行政方式和行政機制來行使股權的思維慣性和行為慣性,不能通過優化股權結構來促進上市公司治理結構的改善,也達不到建立完善的公司治理結構來提高上市公司的資源整合能力和市場運作效率的效果。④不利於促進上司公司的經營者和仲介公司的經營者提高信用意識。

(10) 國有企業的制度缺陷影響監管有效性。眾所周知,中國大多數上市公司由國有企業改制而來,國家處於絕對或相對控股的地位,在股權結構上表現為「一股獨大」。各級政府和監管機構都在一定程度上自覺或不自覺地擔當了國有產權或代理人的角色。在股票發行審核制下,上市公司的「家數」和「額度」是兩個重要控制舉措,即把發行人的家數分配給地方政府和產業主管部門,證監會在進行初審後再配發額度,這種做法助長了各地區、各部門爭取上市公司數量與額度的行為,以及互相攀比的風氣,往往為了政治利益或地方(部門)利益,而置法律於不顧,從而導致角色的錯位和行為的扭曲。例如,少數地方政府與部門不僅不履行管理職責,反而幫助和縱容上市公司弄虛作假、違法違規,具體手段包括利用行政干預為不合格企業謀取上市資格、協助國有大股東通過關聯交易轉移上市公司的資源與利潤、利用操縱會計科目的辦法進行業績操縱、協助地方上市公司出具各類虛假文件與證明等。一旦事件暴露,則利用自身的特殊地位干擾證券監管部門的調查與處罰行為,在相當程度上制約了監管體系功效的發揮。而就監管機構而言,其在執法過程中,常常充當運動員和裁判員的雙重角色:一方面代表國家維護國有股權的利益;另一方面作為市場監管者,擔當執法者的角色。這兩者之間常常存在明顯的利益衝突,從而導致監管者缺乏權威性和執法的自覺性。

(11) 信用缺失是導致監管失效的重要基礎因素。信用缺失是中國上市公司屢屢出現監管失效的基礎原因。到目前為止,我們還沒有一個全社會都認同的企業與個人的信用體系,企業與公民的信用意識還處在初期階段。誠信和失信的獎懲並未在公民心目中佔有應有的位置,企業和個人的失信成本之低使人們根本無須顧忌失信的後果及影響。中國的產權制度使大多數上市公司成為「政府主導型的上市公司」。從法律角度上講這種上市公司實質上不是真正意義上的法人實體,管理者權利和責任的分離導致出了問題、違反了法律也有國家來承擔的怪現象。在執法的法律監管上,過失責任和賠償責任在實際中難以從純法律角度落實和執行,有關負責人根本無視企業長期信用的累積。從法律的角度看,中國的《公司法》中找不到上市公司的董事是否盡了誠信責任,以及如果未盡責任該如何認定、處理的條文規定。所有這些都使上市公司經營者有恃無恐,對企業失信後果不承擔任何責任。機制設計的不完善也使經營者

無法預期能否在未來分享企業長期信用累積而帶來的收益。在這種機制下國有上市公司管理者必然更注重當前利益的最大化，失信違規的現象也就比比皆是。正如第四點所言，由於缺少民事賠償機制，刑事制裁和行政處罰對違法違規者並不構成威懾力，不能提高他們為失信而付出的成本，誠信責任就無從談起了。

9.4　小結

本章首先梳理了中國證券市場監管體系的發展與演變，在此基礎上分析了上海證券交易所與深圳證券交易所在中國證券市場監管體系中的角色與作用，隨後對上海證券交易所、深圳證券交易所監管上市公司的現狀進行了細緻剖析，並深度挖掘了這些現狀所反應出的中國證券市場監管存在的深層次的不足。這些不足主要包括：監管體系中證交所的主體地位不明確、監管部門之間的權責設置不合理以及不同部門監管力量的薄弱對有效的監管產生了消極的影響；仲介機構與政府監管、證交所的權限不夠明晰，也嚴重制約了監管有效性；監管體系中的各個部門監管力量很薄弱，不足以使監管功能得到有效發揮；仲介結構自律機制不健全對監管的有效性也產生負面影響；缺乏稽查手段；缺少民事賠償，刑事與行政處罰不具有威懾力；投資者非理性行為；公司治理結構不完善；缺乏有序和有效的股市退市機制；國有企業的制度缺陷影響監管有效性；信用缺失是導致監管失效的重要基礎因素。

10 健全中國證券交易所監管上市公司的機制的對策分析

通過對國外成熟證券市場的證券交易所對上市公司監管比較，本書認為，和國外成熟的證券市場對上市公司的監管相比，不管是信息披露監管方面，還是公司治理的監管、收購兼併監管、退市機制監管等方面，中國證券市場都有較大的差距，發達國家和地區證券交易所的監管手段和監管技術有很多地方值得中國效仿和學習。特別是美國完備的法律法規體系，德國嚴謹的立法監管制度，英美的獨立董事制度、德國的監事會模式、日本的獨立董事與監事會雙重監管模式、英國的上市公司收購制度、美國退市機制等。當然我們也應該注意其監管失效的原因以及處置管理辦法。學習發達國家和地區的經驗並不等於照搬和全盤接受人家的模式，我們要根據中國自身經濟體制、市場環境乃至歷史文化背景及特點創新性地學習和借鑑，這是一項基本原則。基於此，本章將結合中國證券市場發展的特殊性及第9章中所剖析的中國證券監管存在的不足，提出如何改善和強化中國證券交易所監管上市公司的對策建議。

10.1 基於證券監管分工模式層面的對策建議

盡快從行政和法律層面理順證監會和證交所的職權分工，要明確界定交易所的法律地位，建立其自律性、獨立性、權威性，充分發揮其一線監管的職能作用，構建「會所」之間良好的互動關係。

從第2章至第8章中對全球主要證券交易所監管上市公式的對比分析可以看到，成熟證券市場交易所監管上市公司成功的秘密之一是能較好地處理證券市場中政府監管與交易所自律監管模式之間的摩擦，在兩者之間形成良好的權

責分工：證監會（類似中國證監會的機構）的超然領導、宏觀監管和嚴格執法與交易所自律組織的日常監管、一線監管、微觀監管的有機結合。這是值得我們借鑑和效仿的。為此務必要明確界定證監會、證券交易所定位與職能分工：建議放棄現有行政授權，而採取世界範圍內普遍通用的法定授權的模式，法定交易所管理的權利和責任，弱化證券交易所的行政色彩，尊重交易所的自治地位和民事主體地位，徹底扭轉交易所過分依賴政府監管者的從屬地位。將政府監管者的自律監管內容盡量迴歸交易所，全面擴充交易所的自律監管職責，豐富交易所的自律監管手段，使其真正成為具有相對獨立性的自律監管組織，構建證監會和交易所監管之間的平衡。具體包括：

（1）強化證券交易所對上市公司信息披露的監管。強化交易所對上市公司的信息披露監管，能提高證券市場效率和政府監管效率。中國證券市場信息不對稱狀態十分嚴重，尤其在市場誠信極度缺失情況下，極有必要強化交易所對上市公司信息披露的監管。為此應做到：

①給予證券交易所對上市公司的調查權，政府不必在監管中事必躬親。

②完善《證券法》中的民事訴訟和賠償機制。這樣不僅可以責令違規者賠償受害投資者的損失，有效剝奪違規者通過違規行為所獲得的非法利益，而且給違規者強加了經濟上的巨大負擔，使其承擔巨大的違規成本，增強法律監管的威懾力。同時也可以有效發動投資者參與對上市公司的監管。

③從人力上加強監管力量，克服由於沒有足夠的專職人員去執法而造成的監管失誤的問題。在補充監管力量同時務必重視監管人員的專業素質的提高。

④強化服務理念。應注重交易所對上市公司信息披露提供服務，合理借鑑交易所「既是裁判員，又是教練員」的監管理念，同時務必避免事前審核帶來的風險。同時，證交所應注重對會員的自律監管，間接發揮監管上市公司信息披露的作用。

（2）推進交易所對上市公司治理的監督權。公司治理監管工作目前主要是由證監會負責推進，但公司治理狀況往往涉及公司營運風險，最大限度地揭示上市公司風險又恰恰是交易所的基本職責，因此，交易所應當在推進公司治理方面做出更大貢獻。交易所可以通過制定董事會成員行為守則等文件，來推動或建立起上市公司董事的注意義務標準體系，在完善已有的誠信、審慎和勤勉義務規則的同時，結合實際引入英美的一般商業判斷規則等。

（3）推動交易所履行上市公司上市審核職責。中國目前採取證券發行與上市審核的「合一制」，交易所只是被動地接受證監會的證券發行與上市審核結果。這種體制不僅使交易所失去了選擇契約對方當事人的權利，也失去了塑

造本交易所特色服務、特色監管的機會，還使得交易所不得不承受政府審核不當而給交易所帶來的壓力和不利評價。建議把目前僅由證監會完成的「合一制」，轉變為證券交易所參與，由證監會審批的「合一制」，讓證券交易所承擔上市審核部分職權，其具體的程序和規則可以分別具體制定。

（4）明確交易所監管措施的效力。交易所普遍感到監管乏力的重要原因，首先是已有監管手段種類不明確，其次是監管措施效力不確定。現行法律規定的監管手段主要是「督促」「指導」「要求」「處理」「暫停交易」「報告」和「建議處罰」，交易所規則還規定有懲罰性違約金和公開譴責等。除暫停交易須與證監會溝通外，其他監管措施並無確定效力。為提升交易所監管的效力和效率，有必要修改相關法律和規則，例如，完善《證券法》中的民事損害賠償制度。

10.2　基於公司治理結構改革的對策建議

加強上市公司企業制度與公司治理結構的改革，適當分散股權，消除「一股獨大」對公司治理、上市公司誠信等帶來的負面影響。

國有上市公司是中國當前證券市場的絕對主體。在股權結構上表現為「一股獨大」，這導致了大量的公司治理問題、投資者行為問題、上市公司誠信問題。因此，產權制度的深化改革是促進中國證券市場健康發展的關鍵。雖然中國國有企業的改革都是沿著出資人權利和公司法人財產權分離的思路在進行的，即股東、公司各就各位，各司其職。股東向公司出資後，不再對其所投入的財產享有直接控制權，而只享有股東權，公司則享有由股東投資形成的法人財產權，獨立於股東、政府和其他人（包括自然人和法人），並以其全部法人財產，依法自主經營、自負盈虧。但是由於受到舊體制的影響，改革目標並未真正達到。股份制上市公司問題最為突出，表現為公司經營層既可以作為國家股的代表不理會中小股東的意見，又可以作為內部人不理會國家這個大股東的意見，從而他們既可能損害小股東的利益，又可能損害國家的利益。只有從體制源頭入手，消除管理者權力與責任分離的產權錯位，防止諸如康賽集團的大股東虛假出資、鄭百文的明目張膽編造假帳、猴王集團的種種弄虛作假等一系列觸目驚心的違規事件再次發生。要解決該問題，可從以下幾方面展開：

（1）進一步明確界定現有國有資產管理體制中的管資產、管人、管事的權限，促進上市企業建立完善的治理結構。現行的國有資產管理體制是十六大

提出「權利義務和責任相統一，管資產、管人、管事相結合的國有資產管理體制」。該體制改變了原有的「分而治之」，實行「統而治之」，實現了從國有資產管理機構到管理內容的「集中」與「集權」。該體制體現了股東對權利與利潤的追求，能很好地實現「股東的歸股東、公司的歸公司」的現代企業經營制度，從而保證公司人格的獨立性，進而有效地促進公司治理結構的改善。但這一優勢的發揮必須要建立在管資產、管人、管事等股東權利的明確界定基礎之上的，否則將導致更深程度的政企不分，極易把企業管死。但從現有國有資產管理及國有上市企業的公司治理結構的現狀看，管資產、管人、管事等股東權利的界定仍未明確，為此須密切結合現代企業制度的深層次要求，進一步謹慎界定管資產、管人、管事等股東權利。

（2）創新解決「一股獨大」問題的機制。可通過改革使國家控股由絕對控股轉變為相對控股、由全面控股轉變為部分控股、建立股權適度分散、合理流通、股權有條件開放的新機制，並通過金融創新促進國有股重組。

（3）建立上市公司董事誠信責任機制。在《公司法》中增加上市公司的董事誠信責任機制規定、未盡責認定和處理機制規定，讓董事直接承擔責任，克服他們為追求短期利益而無視企業長期信用累積帶來的收益，以法律手段解決誠信原則問題。這可借鑑美國獨立董事制度的做法，在密切結合中國上市公司的特殊背景與現行的監事會制度基礎上形成與中國實際相適應的獨立監事制度。

10.3 基於證券市場退市機制的對策建議

2001 年 4 月 23 日，在上海證券交易所上市的 PT 水仙正式退市，拉開了中國證券市場上退市機制全面啟動的帷幕。2014 年 11 月，中國證監會《關於改革完善並嚴格實施上市公司退市制度的若干意見》的出抬，中國證券市場退市機制才真正落地。但這並不意味著中國股市的退市機制已經至善至美，要真正建立有序和有效的股市退市機制，充分發揮退市機制在資源配置中的功能和作用，我們還有相當長的路要走。結合發達國家證券市場建立退市機制的經驗和中國股市的實際情況，須從以下幾點進一步強化中國現有的退市機制：

（1）退市機制的貫徹與落實，必須堅持以市場經濟的競爭原則和競爭規律為基礎，秉持證券市場退市是市場競爭的結果，而不是行政選擇的結果。

（2）進一步協調好退市監管立法層的關係和明確界定執法層在退市權責

分工上的關係。在立法上，建議改變由《公司法》《證券法》對上市公司退市標準的具體規定方式，轉變為《公司法》《證券法》只需對公司退市的一般基準、程序和權限進行規定。而退市的具體標準包括上市公司的經營業績和財務狀況、經營能力、破產規模、股利分配情況、股權分配情況和分散化程度、經營的合法性、是否忠實履行信息披露義務等，都由證券交易所制定的上市規則詳細規定，這可以避免退市標準過於死板、不能適應客觀情況發展變化的要求，同時也能使退市標準更具統一性，防止法律法規相衝突的尷尬。在執法上，建議以法律授權方式明確證監會和交易所在退市監管中的職權分工，將上市公司退市的決定權適當下放給證交所，而審批權限仍然掌握在中國證監會手中。證交所可以根據上市公司退市標準自行做出暫停上市或終止上市的決定，在證交所做出該決定之前，必須上報證監會批准。對上市公司退市處理權限的合理劃分和適當讓度，並由證交所制定客觀量化的退市標準，減少法定主觀標準的隨意性。這不但有利於充分發揮證交所對上市公司運作進行一線監管的職能，提高監管效率，並能使得退市標準更合適證券市場的要求，有利於審慎處理上市公司的退市問題，以盡量減少和避免產生大的市場波動。

（3）進一步完善中國退市制度的法律和法規，尤其是退市標準的規定。根據紐約證券交易所和東京證券交易所等發達國家股票市場的經驗，上市基準與退市基準越明確、越具體，執行起來就越簡單、越有序。因此建議：

①退市標準採用以幾大樣本交易所的時間標準和資本標準相結合的「雙重標準」；在退市標準中引入「資不抵債」的標準；明確規定總資產、淨資產、公眾持股數量、持股人數、持股市值、盈利水平等數量標準和公司的治理結構、信息披露、財務制度等非數量標準。

②統一上市和退市的基準（這些基準一般是總資產、淨資產、經營能力、股東數量、公眾持股量、總市值等），即上市基準是什麼，退市的基準也應該是什麼，兩者的基準差異僅僅是在量的底線方面。

10.4 基於證券仲介機構監管的對策建議

為證券發行與交易提供專業服務的仲介機構主要有會計師事務所、資產評估事務所、律師事務所等。這些仲介機構的服務活動會貫穿於證券發行、證券上市、證券交易及相關的過程中。為此強化對這些仲介機構的市場准入和業務活動的監管，保持仲介機構的獨立性，能充分發揮其在證券市場中的專業作

用，從而達到規範證券市場行為，發揮仲介機構監管上市公司的作用。具體為：

（1）建立仲介機構信用評估體系機制，強化會計師事務所等仲介機構的監管力度，間接發揮他們監管上市公司的作用。美國 SEC 汲取安然事件的教訓，在其已有的監管基礎上建立仲介機構誠信評估體系，提升仲介機構的違規成本。該評估體系規定違法違規者及其從業人員將被終身取消職業資格，並建立了監管仲介機構的事前監管機制，對仲介機構日常性的違章違法起到防微杜漸的作用。

（2）建立仲介機構專業服務的保險制度，增強仲介機構及其從業人員的獨立性，從源頭上消除仲介機構在提供證券有關的專業服務的失職，從而有效遏制上市公司的造假、詐欺等行為。如何建立仲介機構專業服務的保險制度，可借鑑美國的財務保險制度。該保險制度的基本原理和運行機制是：上市公司不再直接聘請會計師事務所對財務報表進行審計，而是向保險公司投保財務報表保險，保險公司聘請會計師事務所對投保的上市公司進行審計，根據風險評估結果決定承保金額和保險費率。若因為財務報表的不實陳述或漏報給投資者造成的損失，由保險公司負責向投資者進行賠償（設定一定的免賠額）。該制度改變了財務報表審計中的普遍存在的形式上是股東（主要是大股東）投票決定註冊會計師的聘請，但實際上由管理層最終決定著註冊會計師的聘請、聘請費用的多少、審計費用的支付以及註冊會計師為公司提供的審計、諮詢等服務費用的結構。在財務保險制度實行之前，註冊會計師與公司的管理層之間具有相關性而非獨立性的「固有利益關聯」，在這種關係下註冊會計師面對其「衣食父母」的非法會計操縱行為往往不能客觀發表其意見，這是一種被扭曲的委託代理關係。改寫目前註冊會計師利益與投資者和社會公眾利益相矛盾的現狀，消除註冊會計師與公司管理層的利益關聯，可以切實增強註冊會計師審計的獨立性。該制度下聘請會計師的決策權從被審計對象的手中轉移到承保人手中，切斷了公司管理層與註冊會計師之間的委託代理關係；保險公司出於自身利益的考慮，則會力求發現和揭示上市公司財務報表的風險，杜絕上市公司會計舞弊事件的發生。該保險制度具體由七個實施步驟：

第一步，保險公司對投保公司進行風險評估（review），即由代表承保人的專業風險評估人（包括註冊會計師）對投保公司的財務報表風險進行評估。其內容至少包括以下三方面：

①投保公司所在行業的性質、穩定性、競爭度以及總體上是否存在財務問題。

②投保公司管理層的信譽、品行、經營理念、財務基礎以及以前的經營業績。

③投保公司的性質、經營時間的長短、規模和經營結構，以及投保公司的控制環境、重大的管理和會計政策、實務和方法。

第二步，保險公司根據風險評估結果向投保的上市公司提交投保建議書。建議書中應包括保額與保險費率的對照表，即針對不同風險的公司，有不同等級的保險金額和所對應的不同保險費率。投保公司可以在最高保險金額下選擇任何一檔的保險金額及其相應的費率。建議書中還應規定相應的免賠額以控制投保人的道德風險。

第三步，上市公司的管理層向股東大會（或其代表機構）呈報自己的保險計劃，由股東大會決定投保的保險金額，也可以決定不向保險公司投保。股東大會的決定必須對外公布。

第四步，如果股東大會同意向保險公司投保某一金額的財務報表保險，則由保險公司聘請審核人員和會計師事務所對投保公司進行審計。

第五步，如果投保公司的財務報表獲得的是標準無保留意見的審計報告，則保險公司同意承保並向上市公司簽發保單；如果註冊會計師出具的是非標準無保留審計意見，則由保險公司和投保公司重新商議保單條款（比如縮小保險範圍或提高保險費率或增大免賠額等），或者拒絕承保。

第六步，投保公司向社會公眾披露保險合同的主要內容。

第七步，如果保險事故發生，保險公司根據保險合同的約定對投資人進行賠償。

結合中國證券市場的現狀，中國現階段可在現有的《公司法》和《證券法》的法律框架下，實行上市公司自願投保的原則，由保險公司委託會計師事務所對投保公司進行審計，保險公司和上市公司董事會同時作為審計報告的收件人。待條件成熟時，再全面實施財務報表保險制度，這需要修改《公司法》《證券法》中相應的條款。

10.5 小結

本章在密切結合中國證券市場上市公司的特殊性及其監管機制與模式存在的不足的基礎上，充分借鑑全球主要證券交易所監管上市公司的具體做法，在證券監管分工模式層面、公司治理結構改革、完善退市制度、強化仲介機構監

管 4 個方面提出了如何完善中國證券交易監管上市公司的對策建議。主要提出了以下重要的建議：

（1）在證券監管分工模式層面，提出從強化證券交易所對上市公司信息披露監管、推進交易所對上市公司治理的監督權、推動交易所履行上市公司上市審核職責、明確交易所監管措施的效力 4 個方面來改善和優化當前證券監管層級分工。

（2）在公司治理結構改革方面，建議通過明確界定現有國有資產管理機制中的管資產、管人、管事等股東權利來適當分散股權，並通過創新股權開放流動的金融機制來消除「一股獨大」對公司治理、上市公司誠信等帶來的負面的影響。

（3）在完善退市機制方面，指出必須堅持以市場經濟的競爭原則和競爭規律為基礎，秉持證券市場退市是市場競爭的結果，而不是行政選擇的結果，進一步協調好退市監管立法層的關係和明確界定執法層在退市權責分工上的關係，並完善包括退市標準的規定在內的退市制度的法律和法規。

（4）在強化證券仲介機構監管方面，提出建立仲介機構信用評估體系機制和仲介機構的專業服務保險制度，以此強化仲介機構的獨立性，充分發揮它們對上市公司間接監管的作用。

國家圖書館出版品預行編目(CIP)資料

全球主要證券交易所監管上市公司的比較研究 / 張小波 著. -- 第一版.
-- 臺北市：崧燁文化，2018.08

面； 公分

ISBN 978-957-681-381-8(平裝)

1.證券交易所 2.上市公司 3.金融監理

563.54　　　　　　107011654

書　名：全球主要證券交易所監管上市公司的比較研究
作　者：張小波
發行人：黃振庭
出版者：崧燁文化事業有限公司
發行者：崧燁文化事業有限公司
E-mail：sonbookservice@gmail.com
粉絲頁　　　　　　網　址：
地　址：台北市中正區重慶南路一段六十一號八樓815室
8F.-815, No.61, Sec. 1, Chongqing S. Rd., Zhongzheng
Dist., Taipei City 100, Taiwan (R.O.C.)
電　話：(02)2370-3310　傳　真：(02) 2370-3210
總經銷：紅螞蟻圖書有限公司
地　址：台北市內湖區舊宗路二段121巷19號
電　話：02-2795-3656　傳真：02-2795-4100　網址：
印　刷：京峯彩色印刷有限公司（京峰數位）

　　本書版權為西南財經大學出版社所有授權崧博出版事業股份有限公司獨家發行電子書繁體字版。若有其他相關權利需授權請與西南財經大學出版社聯繫，經本公司授權後方得行使相關權利。

定價：300 元
發行日期：2018 年 8 月第一版
◎ 本書以POD印製發行